أرطغرل

وقيام الدولة العثمانية

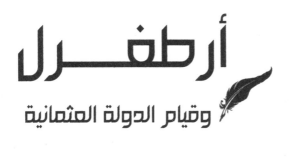

دار الأسرة
للنشر والتوزيع
عمان - المملكة الأردنية الهاشمية
+962 6 46 13 46 5 :
+962 7 99 66 06 25 :
: info@alamthqafa.com
: www.alamthqafa.com
دار الأسرة للنشر والتوزيع - الأردن
dar_alosra

الطبعة: 2023م
إسم الكتاب: أرطغرل وقيام الدولة العثمانية
تأليف: الدكتور أنس يوسف الزيود
الرقم المعياري الدولي: ISBN: 978-9957-36-445-8
رقم الإيداع لدى دائرة المكتبة الوطنية: (2018/7/3725)

جميع الحقوق محفوظة لدى: دار الأسرة للنشر والتوزيع
لا يسمح بطباعة هذا الكتاب أو أي جزء منه أو نقله أو تخزينه
أو إصداره صوتياً أو إلكترونياً دون إذن خطي مسبق من الناشر.

أرطغرل

وقيام الدولة العثمانية

تأليف
الدكتور أنس يوسف الزيود

دار الأسرة

المقدمة

قد يكون تاريخ الدولة العثمانية من أكثر الحقب التاريخية مثاراً للجدل والنقاش في تاريخنا العربيّ الإسلاميّ، وتُثار حوله وجهات النظر المتناقضة والمتباعدة، وعلى الرغم من قربه الزمني من تاريخنا الحديث؛ إذ إنّه يسبقه مباشرة في التقسيم الزمني لعصورنا التاريخية، لكن ليس مبالغاً أو خطأً القولُ إنّه أقلُّ العصور في تاريخنا دراسةً علمية متعمّقة على صعيد المتخصصين، ومعرفةً وحضوراً في العقل والوجدان على صعيد الأفراد العاديين، مقارنة مع التاريخ الأموي أو العباسي أو الراشدي، أو حتى تاريخ العرب قبل الإسلام، وهذا الأمر يكشف عن فداحة الجرم المعرفي الذي نرتكبه بحقِّ تاريخنا نحنُ العربَ والمسلمين من جهة، ومن جهة ثانية يكشف عن تقصيرنا في حقّ المعرفة الإنسانية في ما يتعلّق بقراءة التاريخ، وتفسير أحداثه وتحليلها في مرحلة ما، لتقديم الدروس والعبر، واستخلاص الحقائق والسنن،

التي لا شكّ سيكون لها الأثر الكبير والنفع الكثير للأجيال المتعلّمة، في صقل الرؤى السياسية نحو بناء المستقبل المأمول، الذي يخدم الإنسانية قاطبةً، ولا ينحاز لأمّةٍ على حسابِ غيرها من الأمم.

فكيف إذا كان هذا التاريخُ مرتبطاً بدولة استمرّت ما يقارب ستة قرون، وامتدّت بين قارات العالم القديم الثلاث: أوروبا وآسيا وأفريقيا، وقامت في موقع في غاية الخطورة إستراتيجياً وسياسياً، في قلب العالم؛ إذ لا حيدةَ عن صواب الرأي القول، إنّها الجسرُ الذي ربط فعلياً بين الشرق والغرب، وربما تكون هي التجربة السياسية الوحيدة في هذا الأمر، وقد تشاركها تجربة العرب المسلمين السياسية في الأندلس (شبه جزيرة إيبيريا)، مع ملاحظة اختلاف الموقع الجغرافي بين الدولتين؛ حيث قامت الأندلس بين قارتين فقط: إفريقيا وأوروبا.

ويزداد الأمر خطورةً، وأهميةً جديرة بالدراسة، أنَّ الدولة العثمانية قامت في مرحلة تاريخية في غاية الأهمية، مرحلةٍ اصطلح علماء التاريخ الإنساني على تسميتها بنهاية العصور الوسطى، وبداية العصور الحديثة، وأهميتها لا تقتصر فقط على التقسيم الزمني، بل إنّها تمثّل بداية صعود الغرب الأوروبي، وبزوغ قوته على الصُّعد كافةً، السياسية والاقتصادية والاجتماعية والثقافية والعلمية، وبداية انحدار مؤشر

القوة لدى الشرق العربيّ الإسلاميّ، وعلى الصُّعد كافةً أيضاً، السياسية والاقتصادية والاجتماعية والثقافية والعلمية، لذا فالادّعاء أنَّ الدولة العثمانية قادت الشرق نحو التخلّف والانحطاط، اتّهام باطل فيه غيابٌ للفكر العلميّ، والتحليل المنطقيّ السليم، المبني على الموضوعية والبحثّ الدقيق في التحليل والتفسير والاستدلال، فقيام هذه القوة السياسية جاء في وقتٍ كان فيه قطارُ التقدّم للمسيرة الإنسانية قد بدأ يسير على سكّة الغرب الأوروبيّ، لجملة من الأسباب، تحتاجُ معرفتها ودراستها لبحثٍ مفصّل، واستحالة أن يُغيّر القطار مساره ما أن يبدأ تحرّكه على سكّته.

ألا تستوجبُ الأسبابُ السابقةُ أن نجلدَ أنفسنا؛ لتقصيرنا في قراءة تاريخ هذه الحقبة، وحتى لو كانت الاتهامات الموجّهة إليها كلّها صحيحةً، أليسَ من العيب المعرفيّ، والخجل العلميّ ألّا ندرسَ أسباب هذه الأخطاء ونحلّلها؛ لنبنيَ منها الجسر الذي نعبرُ منه إلى المستقبل، كيف لا؟!! وهي الحقبة التي تسبقُ حاضرنا مباشرةً.

ينقسم الدارسون تجاه الحقبة العثمانية في تاريخنا إلى فريقين: فريقٌ يرى أنّها حمت العالم العربيّ والإسلاميّ، ووقفت حاجزاً في وجه

الأطماع الأوروبية، وأنَّ زوالها كان زوال العقد الجامع للمسلمين أجمعين على اختلاف أجناسهم وأعراقهم وبلدانهم.

وفريقٌ آخر يرى فيها استعماراً واحتلالاً للعالم العربيّ الإسلاميّ، وليس خلافةً جامعة للمسلمين، وأنّها السبب وراء ما يعانيه العالم العربيّ حالياً من جهل معرفيّ، وتخلّف حضاريّ، واستبدادٍ سياسيّ، وبين هذين الفريقين يقف المرء حائراً، لا يدري كيف يحدّد موقفه تجاه هذه المرحلة التاريخية المهمة، وكي يخرج من هذه الحيرة والرؤية الضبابية، التي تحجبُ النور العقليّ عن الحقيقة، لا بُدَّ له من أن يتسلّح بالصبر المعرفيّ، والأناة العقلية، والتفكير المتّزن المتروّي، البعيد عن الأهواء والعصبية، إلى جانب امتلاك الرغبة الصادقة في استقصاء الحقيقة والوصول إليها، لا لهدفٍ سوى بلوغها فقط.

إذا توفّرت الأدوات السابقة عند المرء، ثم باشر في قراءة التاريخ العثمانيّ، الذي هو تاريخٌ مشترك بيننا نحنُ – العربَ – والأتراك، حتماً سيصلُ إلى الحقيقة التي تنفضُ عنه غبار الحيرة، وتبلور في نفسه وفكره النظرة السليمة لهذا التاريخ، تلك النظرة البعيدة عن الافتراءات والاتّهامات من جهة، وبعيدة عن التعظيم والمبالغات من جهة أخرى.

السطور التالية تمثّل محاولةً قام بها الباحث بسردٍ موجز لتاريخ الدولة العثمانية، توقّف فيها على أصل هذه الدولة، وبداياتها، ثم صعودها، ومرحلة الاستقرار والازدهار التي مرّت بها، ثم بداية السقوط، وأخيراً الأفول.

حاول الباحث قدر جهده أن يشمل تاريخ الدولة العثمانية الطويل على نحوٍ موجز، ويتوقّف على أهمّ الأحداث فيه، وفي الوقت نفسه قدّم تحليلاتٍ لهذه الأحداث، بما يساعد القارئ على استخلاص العبرة منها، واتّخاذ الموقف السليم تجاهها، والقصد من وراء هذا كلّه، أن تتوفّر لدى الشباب والنشء العربيّ والمسلم معرفة عن حقبة مهمة من تاريخهم، فلا يظلّون في غفلة عنه، لا سيّما أنَّ هذه الحقبة فيها الكثير من الإنجازات والانتصارات التي تبعث الفخر في نفس الفرد، وأيضاً تقدّم الكثير من الدروس المستفادة، إضافة إلى أنَّ الاطّلاع عليها – ولو كان محدوداً – كفيلٌ بأن يُفنّد بعضَ الاتّهامات الموجّهة إليها، ونسأل الله أن نكون قد نجحنا في الجهد المبذول، وبلغنا الهدف المأمول، والله الموفّق في كلّ أمر.

***

2

تمهيد - موجز عن تاريخ الدولة العثمانية (الأصل، البدايات، الصعود، الاستقرار والازدهار، بداية السقوط، الأفول)

أصل العثمانيين

يكاد معظم الدارسون يتّفقون على أنَّ العثمانيين قومٌ من الأتراك، ينتسبون إلى العرق الأصفر المغوليّ، كباقي شعوب آسيا الشرقية، وكان موطنهم الأول في آسيا الوسطى، وتحديداً في البوادي الواقعة بين جبال آلطاي شرقاً، وبحر قزوين غرباً، وقد تفرّعوا إلى عدّة عشائرَ وقبائلَ، منها عشيرة (قايا)، التي نزحت في عهد زعيمها (كندز ألب)، إلى المراعي الواقعة شماليّ غربيّ أرمينيا، قربَ مدينة (أخلاط).

إنَّ التاريخ السياسي المبكّر لهذه العشيرة، لا سيّما قبل الزعيم (كندز ألب) يكتنفه كثير من الغموض، ولا توجدُ معارفُ موثَّقةٌ حوله، لكنَّ الثابتَ تاريخياً – في ضوء المعلومات المتوفرة – أنَّ هذه العشيرة قد تركت منطقة (خلاط) في النصف الأول من القرن الثالث عشر الميلادي، حوالي سنة 1229م؛ بفعل الحروب التي أثارها السلطان جلال الدين الخوارزمي، فنزلت وأقامت عند حوض نهر دجلة.

***

3

أرطغرل وقيام الدولة العثمانية

توفي الزعيم (كندز ألب) بعد نزوح عشيرته إلى حوض دجلة، فترأّس العشيرة بعده ابنه (سليمان شاه)، ثم خَلِفَه حفيده (أرطغرل)، حفيدُ الزعيم (كندز ألب)، ومع هذا الحفيد البطل الطموح، كانت البداية الفعلية للتاريخ السياسي لقيام الدولة العثمانية، فأرطغرل هذا، هو والد (عثمان)، الجدّ الذي ينتسب إليه الأتراك العثمانيون.

ارتحل (أرطغرل) مع عشيرته إلى مدينة (إرزينجان)، التي كانت مسرحًا للقتال بين السلاجقة والخوارزميين، وهناك التحق في خدمة السلطانِ السلجوقيّ علاء الدين كيقباد الأول، سلطانِ (قونية)، إحدى الإمارات السلجوقية التي تأسّست عقب انهيار دولة السلاجقة العظام، وسانده في حروبه ضد البيزنطيين والخوارزميين، وتقديراً لبطولاته التي قدّمها لخدمة السلاجقة، كافأه السلطان السلجوقيّ

علاء الدين كيقباد، بأن أقطعه وعشيرته بعض الأراضي الخصبة قرب مدينة (أنقرة).

استمرّ الزعيم أرطغرل في تحالفه مع السلاجقة، وسطع نجمه قائداً فذّاً، يحالفه الانتصار في المنازلات العسكرية يقودها ويشارك فيها، فدفع هذا الأمرُ السلطانَ السلجوقيَّ لأن يقطعَه منطقةً في أقصى الشمال الغربي من الأناضول، على تخوم الدولة البيزنطية، في المنطقة المعروفة باسم (سوغوت)، حول مدينة (أسكيشهر)، وهناك بدأ الزعيم (أرطغرل) وعشيرته مرحلة جديدة في التاريخ السياسيّ للمنطقة، حيثُ كوّن مع الإمارات التركمانية التي سبقته إلى هذه المنطقة اتّحاداً، شكّل نواةً لقوة سياسية عظمى، امتدّت حدودها – لاحقاً – شرقاً وغرباً، وأرعبت بقوّتها كلَّ الدول التي جاورتها، أو اصطدمت معها، بعد حروب خاضتها معها لأكثرَ من قرنٍ من الزمان، كان الانتصار حليفها في أغلب الوقائع، وإن وقعت الهزيمة، فلم تكن إلّا بدايةً لاستجماع القوى نحو نصرٍ ساحقٍ لاحق.

علا شأن القائد (أرطغرل) لدى السلطان السلجوقيّ، لا سيما بعد أن أثبت إخلاصه وولاءه للسلاجقة، وأظهر هو وعشيرته كفاءة قتالية عالية في معارك الدولة التي خاضوها ضد الأعداء، إذ كان دوماً في

مقدمة الجيوش التي قادها، وتحقّق النصر لها تحت قيادته، فكافأه السلطان بأن خلع عليه لقب (أوج بكي)؛ أي محافظ الحدود.

لكنّ طموح أرطغرل لم يقف عند هذا اللقب، وأهدافه لم تكتفِ بالمنطقة التي أقطعها له السلطان، ولا بمهمة حماية الحدود التي كلّفه بها، لذا شرع يهاجم مناطق نفوذ الدولة البيزنطية في الأناضول، فاستولى على مدينة (أسكيشهر)، ووسّع حدودَ مقاطعته خلال المدة التي قضاها أميراً على المنطقة الحدودية، إلى أن توفي سنة 1281م، عن عمرٍ ناهز تسعين عاماً، بعد حياة مليئة بالبطولات والجهاد والانتصارات، أظهر فيها معاني القيادة العظيمة كلّها، كالشجاعة والإقدام، والتضحية والإخلاص في سبيل تحقيق الأهداف، والإخلاص والولاء للدولة السلجوقية التي كلّفته بالمهام، والهمّة والاقتدار في تأدية المهام الجسام التي كُلِّف بها، لذا استحقّ بجدارة الألقاب التي خلعها عليه سلاطين السلاجقة، وآخرها لقب (الغازي)؛ تقديراً لبطولاته وفتوحاته.

بعد وفاة أرطغرل تولّى مقاليد الحكم في إمارته ابنه البكر عثمان، الذي تُنسبُ إليه الدولة العثمانية العليّة، وقد سار على نهج أبيه في الولاء والإخلاص لدولة السلاجقة، واستكمال الفتوحات الإسلامية

في أراضي الإمبراطورية البيزنطية، التي كانت آنذاك قد دخلت في الفصل الأخير من عُمر بقائها السياسيّ؛ إذ كانت تعيش شيخوختها السياسية، والضعف الإداري قد دبَّ في أوصالها، وما زاد في ذلك انشغالها بالحروب في القارة الأوروبية.

أظهر الأمير القائد عثمان منذ بداية عهده في الحكم براعة سياسية، وكفاءة عسكرية عالية، فقد عقد تحالفات مع الإمارات التركمانية المجاورة، ووجه نشاطه العسكري نحو أراضي الدولة البيزنطية، مستغلًّا حالة الضعف التي وصلت إليها البلاد، فتوسّع باتّجاه غربيّ الأناضول، وعبر الدردنيل إلى جنوبيّ شرقيّ القارة الأوروبية، وفي عهده تحوّل قومه الأتراك من نظام القبيلة المتنقلة إلى نظام الدولة المركزية المستقرّة، الأمر الذي ساعدها كثيراً، ومكّنها لأن تصبح قوة عظمى في ما بعد.

وقد أبدى السلطان السلجوقي علاء الدين كيقباد الثالث إعجابه بالقائد عثمان، فخلع عليه لقب (عثمان غازي، حارس الحدود، العالي الجاه، عثمان باشا)؛ تقديراً لبطولاته وإنجازاته العسكرية، إذ تمكّنت الدولة في عهده من ضم معظم أراضي الأناضول التي كانت خاضعة للسيطرة البيزنطية، وإخضاعها للحكم الإسلاميّ.

في عام 1291م تمكّن الأمير عثمان من فتح مدينة (قره جـه حصـار)، الواقعة إلى الجنوب من مدينة (سوغوت)، وجعلها قاعدة لـه، ومنها قاد عشيرته إلى بحر مرمرة والبحر الأسود، وكان هذا أول مظاهر إعلان السلطة المستقلة والسيادة.

شاءت الظروف التاريخية أن تدخل دولة قونية السلجوقية في حربٍ مع دولة المغول، التي تمكّنت من التغلّب على السلاجقة، والحدّ من نفوذهم في آسيا الوسطى، الأمر الذي دفع عثمان لإعلان استقلاله عـن دولتهم، بعد أن توطّدت دعائم حكـم دولتـه الفتيـة، ولقّب نفسـه (باديشاه آل عثمان)؛ أي عاهل آل عثمان، فكان بذلك المؤسس الحقيقيّ لدولته التركية الكبرى التي نُسِبت إليه لاحقاً.

وفي عام 726هـ، تمكّن ابنه (أورخان) من فتح مدينة (بورصة) الواقعة على مقربة من بحر مرمرة، وفي هذه السنة توفي الأمير عثمان عن عمرٍ ناهزَ السبعينَ عاماً، بعد أن أسّس دولته، ومهّد لها طريق القوة والاستقرار والازدهار.

عُني أورخان بتنظيم دولتـه تنظيماً محكـماً، فقسـمها إلى سـناجق أو ولايات، وجعل مدينة بورصة عاصمةً لها، وضُرِبت النقودُ باسمه، ونظّم الجيش، فألّف فرقاً من الفرسان النظاميين، وأنشـأ جيشـاً قويّـاً،

عُرِفَ بجيش الإنكشارية، عماده من الفتيان الأوروبيين الذين جمعهم من مختلف الأنحاء، بعد أن درّبهم تدريبًا صارمًا، وخصّهم بامتيازات كبيرة، فأخلصوا الولاء له، وأظهروا الانتماء لدولته.

عمل أورخان على توسيع الدولة، فكان حتمياً أن ينشأ بينه وبين البيزنطيين صراعٌ عنيف، تمكّن فيه من الاستيلاء على مدينتي (إزميد)، و(نيقية)، وفي عام 1337م شنَّ هجوماً على عاصمة البيزنطيين القسطنطينية، لكنّه أخفق في احتلالها، لكن كان لهذا الهجوم صداه المدويّ في آسيا الصغرى وأوروبا، إذ ألقى الرعب في قلب الإمبراطور (أندرونيقوس الثالث)، الذي سارع إلى التحالف مع الأمير عثمان وصاهره؛ ليأمن منه على حدود دولته، لكنَّ هذا الزواج لم يَحُلْ بين العثمانيين وبين الاندفاع إلى الأمام، ففي سنة 1357م، تمكّنوا من الوصول إلى شبه جزيرة (غاليبولي)، وبسط سيطرتهم عليها، وبهذا اشتدَّ الخطر العثماني على العاصمة البيزنطية مرّة أخرى، لا سيّما بعد توسّع حكم العثمانيين في عهد أورخان الأول، إذ كان يمتدُّ من أسوار أنقرة في آسيا الصغرى، إلى (تراقيا) في البلقان، وشرع الدعاة آنذاك يدعون الناس إلى الإسلام، وينشرون تعاليم الدين الحنيف في كلّ مدينة أو رقعة يصلها الجيش العثماني.

***

4

السلطان مراد الأول واستكمال التوسّع العثمانيّ

توفي أورخان الأول سنة 1360م، بعد أن وسّع حدود الدولة الفتيّة بفتوحاتٍ جديدةٍ، وعزّزها بتنظيماتٍ إداريّةٍ إضافية، فتولّى الحكمَ بعدَه ابنُه (مراد الأول)، وقد واصل السير على نهج والده (أورخان)، وجدّه (عثمان)، في مواصلة الجهاد، وفتح البلدان والمدن، ونشر الإسلام فيها، فأعاد فتح مدينة أنقرة وبسط السيطرة عليها من جديد؛ لأنَّ أميرها – آنذاك – علاء الدين أراد أن ينتهز ظرف وفاة الأمير أورخان، وانتقال الحكم لأبنه مراد، فأثار الأمراء المجاورين، وحرّضهم على قتال العثمانيين، لكن خاب مسعاه، وكانت عاقبة مكائده أن فقد أهمَّ مدنه أنقرة.

لم يتوقّف السلطان مراد عند هذا الحدّ، فعقدَ تحالفاتٍ مع بعض أمراء الأناضول مقابل تنازلاتٍ قدّموها للعثمانيين، وبذلك ضمّ جزءاً من الممتلكات التركمانية إلى الدولة العثمانية، ليتسنّى له أن يوجّه اهتمامه

نحو منطقة البلقان، وبهذا بدأ عهد التوسّع العثماني في القارة الأوروبية من الجهة الشرقية.

تمكّن السلطان مراد من فتح مدينة (أدرنة) عام 1362م، وجعلها عاصمةً لدولته؛ لتكون مَرْكَزاً للتحرّك والجهاد نحو أوروبا، وقد ظلّت عاصمةً للعثمانيين إلى أن تمكّنوا من فتح القسطنطينية لاحقاً.

تمكّن العثمانيون في عهده من فتح عددٍ من المدن، مثل (صوفيا)، و(سالونيك)، وبذلك صارت القسطنطينية محاطة بالعثمانيين من كل جهة، وفي 12 يونيو 1385م، الموافق 19 جمادى الآخرة 791هـ، التقى الجيش العثمانيّ بالجيش الصربيّ، مسانَداً بقواتٍ من المجر والبلغار والألبانيين في إقليم (قوصوه)، المعروف حالياً باسم (كوسوفو)، وقد دارت معركة طاحنة بين الطرفين، تمكّن فيها العثمانيّون من الانتصار، لكن قُتِلَ فيها السلطان مراد على يد أحد جنود الأعداء، كان قد تظاهر بالموت، ليغتالَ السلطان خلسةً.

***

5

الصعود والانكسار أمام المغول

تولّى عرش الدولة العثمانية بعد وفاة السلطان مراد الأول، ابنه (بايزيد)، وقد ورث دولة اتّسعت حدودها على نحوٍ كبير، ودوّت أصداء قوتّها أرجاءَ العالم آنذاك، وسمع بها وبانتصاراتها القاصي والداني منها، فكان طبيعياً إن ينصرف السلطان الشابّ إلى تدعيمها بكلّ ما هو متاحٌ أمامه من الوسائل، وأن يوجّه جُلَّ اهتمامه لاستكمال المشروع الذي بدأ به أجداده، فكانت أول انتصاراته أن انتزع مدينة (آلاشهر) من البيزنطيين، ثم أخضع بلاد البلغار عام 1393م إخضاعاً تامّاً، وقد كان هذا النصر إنذاراً قويّاً للأوروبيين بخطورة التوسّع العثمانيّ، الأمر الذي دفع ملك المجر (سيكسموند) للاستنجاد بأبناء ملّته في غرب القارة الأوروبية، بعد أن أصبحت حدود دولته متاخمة للمناطق التي سيطرت عليها جيوش العثمانيين.

استجاب البابا (بونيفاس التاسع) لاستغاثة الملك المجريّ، فدعا إلى حملة صليبية ضدَ العثمانيين، للحدِّ من توسّعهم في القارّة الأوروبيّة، فلبّى الدعوة عددٌ من الأمراء في فرنسا، والنمسا، وبافاريا، ورودس، والبندقية، إلى جانب القوات المجرية، وقدّمت إنكلترا مساعدات عسكرية في هذه الحملة.

تقابل الجيشان العثمانيّ والأوروبيّ في 25 سبتمبر من سنة 1396م، الموافق 21 ذي الحجة سنة 798هـ، في معركة طاحنة، هُزم فيها الأوروبيون شرَّ هزيمةٍ، ورُدّوا على أعقابهم، وبهذا النصر أمّنَ السلطان بايزيد حدود دولته من الغرب، فأصبحت الفرصة مواتية أمامه لاقتحام القسطنطينية، فحاصرها مرتين، لكنَّ حصونها المنيعة صمدتْ أمام هجمات جيشه العنيفة.

في تلك الأوقات، ومع تنامي القوة المتزايد لدى العثمانيين، وبعد الانتصارات المتتالية التي حقّقوها على الأوروبيين غرباً، واجههم خطرٌ جديد، ولكنّه قادم من الشرق هذه المرة، يتمثّل بالمغول، الذي عادوا في الظهور على مسرح الأحداث السياسية قوةً عسكريةً تسقط أمامها أقوى الدول، وتنهزم أمام جيوشها أشدّ الجيوش، لا سيّما بعد أن ظهر فيهم رجلٌ جبّار، تتوفّر لديه كلّ صفات البطش والقوة التي تتوفّر في

عتاة القادة العسكريّين، هذا الرجل كان تيمورلنك، من سلالة جنكيز خان، مؤسس إمبراطورية المغول في التاريخ، وقد كان كجدّه المؤسس، قد دوّت أخبار مجازره العسكرية في كافة أصقاع العالم العربيّ والإسلامي.

أدّى امتداد المغول بقيادة تيمورلنك في آسيا الوسطى إلى الاصطدام بالعثمانيين بقيادة سلطانهم بايزيد، الأمر الذي خفّف ضغط العثمانيين على البيزنطيين، ودفعهم للاستعداد لمواجهة المغول في معركة فاصلة، إذ كان تيمورلنك قد تقدّم نحو سهل أنقرة لقتال بايزيد، فالتقى الجيشان العثمانيّ والمغولي عند منطقة (جُبق آباد)، في معركة ضارية، انهزم فيها العثمانيون، وأُسِرَ سلطانهم بايزيد، الذي حمله المغول معهم بعد المعركة إلى عاصمتهم سمرقند، وهناك عاش بقية أيام حياته مأسوراً إلى أن توفي سنة 1403م.

ترتّب على هزيمة العثمانيين أمام المغول نتائج خطيرة، كادت أن تجهض دولتهم من التاريخ، فهذه المعركة أول هزيمة كبيرة مُنِيَ بها العثمانيون بعد مشوار حافل من الفتوحات والانتصارات العسكرية منذ صعودهم السياسي، فالهزيمة منحت البيزنطيين فرصة لإعادة

تجميع قواهم من جديد، الأمر الذي أخّر سقوط القسطنطينية خمسين سنة ونيف في أيدي العثمانيين.

ولم يتوقّف الأمر عند هذا الحدّ، فبعد موت السلطان بايزيد تجزأت الدولة إلى عدّة إمارات صغيرة، بعد أن أعاد تيمورلنك إلى أمراء قسطموني، وصاروخان، وكرميان، وآيدين، ومنتشا، وقرمان، البلاد التي فقدوها في صراعاتهم مع العثمانيين، فاستغلّ البلغار والصرب هذه الأوضاع، فأعلنوا استقلالهم، ولم تبقَ إلّا بلدانٌ قليلة تابعة للدولة العثمانية آنذاك.

وكان ممّا فاقم الأمور سوءاً، عدم اتّفاق أبناء السلطان بايزيد على تنصيب أحدهم سلطاناً للدولة، إذ كان كلُّ واحدٍ منهم يرى نفسَه الأحقَّ بعرش السلطنة، الأمر الذي أدّى إلى نشوب صراعات وحروب بين الأخوة، آلَ الأمرُ في نهايتها إلى الأمير محمد بن بايزيد، الملقّب بمحمد الأول.

***

6

استجماع القوة وإعادة بناء الدولة وتوحيدها

تولّى السلطان محمد الأول مقاليد الحكم في فترةٍ من أكثر الفتراتِ خطورةً من تاريخ الدولة العثمانية، فالدولة فقدت سيادتها على كثير من المناطق التي فتحتها، وتمرُّ بحالة انقسام، ومع ذلك استطاع هذا السلطان أن يُعيدَ للدولة العثمانية معظم ما فقدته في الأناضول.

بعد محمد الأول تولّى عرش السلطنة مراد الثاني، الذي واصل حملة استرجاع ما فقدته الدولة العثمانية من مدن وإمارات، فأعاد كثيراً منها إلى السيادة العثمانية، وحاصر القسطنطينية، لكنّه لم ينجح في اقتحامها، ثم حاول أن يخضع البلقان لسيطرته، ففتح عدّة مدن وقلاع هناك، ووصل إلى مدينة بلغراد، وحاول اقتحامها، لكنّه لم ينجح في ذلك.

كانت انتصارات السلطان مراد الثاني إنذاراً لأوروبا بعودة الخطر العثماني إليهم من جديد، فقامت قوات مجرية بقيادة (يوحنا هونياد) بالاشتباك مع العثمانيين، وتمكّنت من إنزال هزيمةٍ قاسيةٍ بهم، كان من نتائجها أن بعثت روح الحرب الصليبية في أوروبا كلّها ضد العثمانيين.

***

7

فتح القسطنطينية والقضاء على الإمبراطورية البيزنطية

بعد وفاة السلطان مراد الثاني تولّى عرش السلطنة ابنه محمد الثاني سنة 1451م، وكان عليه أن يواجه ثورة اندلعت ضد العثمانيين في إمارة قرمان في آسيا الصغرى، ناهيك أنَّ الإمبراطور البيزنطيّ قسطنطين الحادي عشر قد استغلّ هذا الأمر، وطلب من السلطان الشابّ مضاعفة الجزية التي كان والده يدفعها للبيزنطيين لقاء أسرهم الأمير أورخان حفيد سليمان بن بايزيد، الذي كان يطالب بالعرش العثماني.

استاء السلطان محمد من هذا الطلب، الذي كان ينطوي على ابتزاز من البيزنطيين، وتهديدٍ بتحريض أورخان على العصيان، فشرعَ يتجهّز لحصار القسطنطينية، وفتحها في أقرب فرصةٍ ممكنة، ولتحقيق ذلك قام بتشييد قلعةٍ عند أضيق نقطة من مضيق البوسفور، على بعد سبعة كيلومترات من أسوار القسطنطينية.

عندئذٍ لم يكن أمام الإمبراطور قسطنطين خيارٌ إلّا أن أرسلَ بعثةً من السفراء إلى السلطان محمد؛ احتجاجاً على ما قام به من بناء القلعة، لكنّها لم تَعُدْ بجوابٍ شافٍ من السلطان، إذ استمرّ في بناء القلعة، الأمر

الذي دفع الإمبراطور البيزنطيّ للاستنجاد بالدول الأوروبية، فلم تنجدْهُ إلّا بعض المدن الإيطالية.

قام السلطان محمد بتجهيز جيشٍ عظيمٍ مزوّدٍ بالمدافعِ الكبيرة، وأسطولٍ كبيرٍ؛ لمحاصرة القسطنطينية من البرّ والبحر. وقد استمات أهلها في الدفاع عنها، لكن لم يكدْ يمضي خمسون يوماً ونيّفاً على بدء الحصار، حتى تمكّن العثمانيون من دخول المدينة بعد أن هُدِّمت أجزاءٌ كبيرةٌ من أسوارها جرّاء القصف المدفعي المتواصل، فاشتبك العثمانيّون والبيزنطيّون في قتالٍ عنيف في شوارع المدينة، أسفر عن مقتلِ الإمبراطور البيزنطيّ وعددٍ كبيرٍ من جنوده، فأصدر السلطان محمد أمراً لجنوده بوقف القتال بعد أن قضت جيوشه على المقاومة البيزنطية في المدينة، التي سقطت تحت راية الإسلام بعد صمودٍ وبقاءٍ دام أكثرَ من عشرة قرون، وهي عاصمة للإمبراطورية الرومانية البيزنطية الشرقية.

كان لفتح القسطنطينية صدىً مدويّ في أرجاء القارّة الأوروبية، وهزّة عنيفة لهم، فهي آخر ما تبقّى من إرث الرومان السياسيّ، الذين جابوا العالم القديم، وسيطروا على أغلب مناطقه، فانتهى بذلك عمر هذه الإمبراطورية التي يراها الدارسون من أقوى الإمبراطوريات التي عرفتها البشرية في التاريخ، انتهى وجودها على أيدي الأتراك العثمانيين، تحت قيادة سلطان شابّ لم يتجاوز عمره الرابعة والعشرين.

تلقّب السلطان محمد بعد انتصاره العظيم بفتح القسطنطينية بلقب الفاتح، ولم يكتفِ بهذا، فقد نقلَ عاصمة السلطنة من (أدرنة) إلى القسطنطينية، وغيّر اسمها إلى (إسلامبول)؛ أي مدينة الإسلام، فأصبحت بهذا أعتى مدينة وقفت في وجه المسلمين على مرِّ تاريخهم مركزاً وعاصمة لخلافتهم.

واصل السلطان محمد الفاتح انتصاراته العسكرية الباهرة، وفتوحاته في أوروبا، فأخضع بلاد الصرب لسيطرته، وفتح بلاد المورة جنوب اليونان، وإقليم الأفلاق، وبلاد البشناق، وألبانيا، وهزم إمارة البندقية، وأعاد توحيد بلاد الأناضول من جديد تحت السيادة العثمانية، بعد أن قضى على دولة طرابزون الرومية، وإمارة قرمان، كلُّ هذه الانتصارات والفتوحات حقّقها ولم يتجاوز، وكان قد عزم على فتح إيطاليا، لكن وافته المنية سنة 1481م قبل أن يحقّق ذلك.

مع انتصارات السلطان محمد الفاتح، دخلت الدولة العثمانية العهد الذهبيّ من تاريخها، عهد القوة والازدهار والاستقرار، فقد ظهرت أقوى دولة في العالم آنذاك، لا تستطيع أيّة قوة سياسية سواءٌ في أوروبا أم في آسيا أم في أفريقيا أن تنتصر عليها أو تصمد أمامها.

***

8

الازدهار والتوسع شرقاً

بعد موت السلطان محمد الفاتح، تنازع ابناه (جم)، و(بايزيد) على عرش السلطنة، وكانت الغلبة في نهاية الأمر للأمير بايزيد، الأمر الذي اضطرّ بأخيه (جم) أن يفرّ إلى مصرَ؛ ليحتميَ بسلطان المماليك (قايتباي)، ثم انتقل إلى رودس، وهناك حاول أن يتعاون مع فرسان القديس يوحنا، ومَنْ يسانده من الدول الأوروبية ضد أخيه (بايزيد) الثاني، لكنَّ الأخير استطاع أن يقنع دولة الفرسان بإبقاء الأمير جم على الجزيرة مقابل مبلغ من المال، وتعهّد بألّا يمسَّ جزيرتهم طيلة فترة حكمه، فوافقوا على ذلك، لكنّهم نكثوا العهد معه، وسلّموا الأمير إلى البابا (إنوسنت الثامن)، وبعد وفاة الأخير، قام خليفته بدسّ السمّ للأمير، فتوفيَ في مدينة نابولي الإيطالية، ونُقِلَ جثمانه لاحقاً إلى مدينة (بورصة)؛ ليُدفنَ فيها.

اتّسمت سياسة السلطان بايزيد بالميل إلى السلم السياسيّ، وعدم الدخول في الحروبِ إلّا دفاعاً عن حدود الدولة، فقاتل جمهورية البندقية الإيطالية بعد أن شنَّ أسطولها هجوماً على بلاد المورة، ودخلَ

في حربٍ مع دولة المماليك بعد أنَّ حاولَ سلطانهم قايتباي الاستيلاء على إمارة (ذي القدر)، ومدينة (ألبستان) التابعتين للسيادة العثمانية.

وفي عهده سقطت مدينة غرناطة آخر معاقل المسلمين في الأندلس، فأرسل سفناً لتنقلَ الأندلسيين إلى أراضي الدولة العثمانية، وتحديداً العاصمة (إسلامبول)، وفي عهده أيضاً ظهرت السلالة الصفوية في بلاد فارس، وهي سلالة شيعية، تمكّنت بزعامة الشاه إسماعيل بن حيدر، أن تُشكّل خطراً على الدولة العثمانية من جهة الشرق، وتدخلَ - في ما بعد - في حروبٍ معهم.

وفي أواخر عهد السلطان بايزيد الثاني دبّ النزاع بين أولاده بسبب ولاية العهد، بعد أن اختار السلطان ابنه أحمد لخلافته، فغضب ابنه الآخر سليم، وأعلن الثورة على والده، وكانت له أسباب سياسية وراء ذلك، أبرزها أنَّ الصفويين الذي كانوا ينشطون لنشر المذهب الشيعيّ في بلاد الأناضول، ويقطعون طريق التجارة العثمانية مع الهند والشرق الأقصى، ويمنعون نزوح قبائل التركمان من آسيا الوسطى إلى الأناضول، كان زعيمهم الشاه إسماعيل يدعم الأمير أحمد للوصول إلى عرش السلطنة العثمانية، والأخير لم يُحرّك ساكناً إزاء الخطر الصفويّ الذي كان يهدّد الدولة العثمانية.

ثار الأمير سليم على والده وأخيه، واستولى على مدينة (أدرنة)، الأمر الذي دفع السلطان بايزيد لقتاله، فهزمه وقرّر نفيه، لكنَّ الجنود الإنكشارية ضغطوا على السلطان الأب، وأرغموه على التنازل عن العرش لصالح ابنه الثائر سليم.

مات السلطان بايزيد في 26 مايو من سنة 1512م، الموافق 10 ربيع الأول 918هـ، فاستلم عرش السلطنة بعده ابنه السلطان سليم، وفي عهده بدأ توسّع الدولة العثمانية شرقاً، نحو البلاد العربية، لكن قبل ذلك عمد السلطان إلى سياسة التفاهم والتفاوض مع الدول الأوروبية؛ ليأمن الحدود الغربية لبلاده معها، فيتسنّى له التفرّغ لأزمة خطيرة واجهتها الدولة العثمانية آنذاك، وهي المدّ الصفويّ من بلاد فارس، وبعدها يتوجّه للقضاء على دولة المماليك، التي كانت حاكمة في مصر وبلاد الشام والجزيرة العربية، وكان السلطان سليم يطمح من وراء هذه العمليات العسكرية، السيطرة على طرق التجارة بين الشرق والغرب، ثم توحيد بلاد المسلمين تحت قيادة واحدة في مواجهة الدول الأوروبية بعد انتهاء حكم المسلمين نهائياً في الأندلس، وقيام البرتغاليين بالتحالف مع الصفويين في إنشاء مستعمرات لهم جنوبَ العالم الإسلاميّ.

وعلى الرغم من أنَّ الطريق نحو تحقيق هذا الهدف فرض على السلطان أن يتخلّص من إخوته وأبنائه، كي لا ينازعه أحدٌ في الحكم،

لكنّه في نهاية المطاف قد حقّق غايته، وكانت سنين حكمه مليئة بالانتصارات العسكرية، حتى أخضع معظم بلاد المشرق العربيّ الإسلامي والمغرب العربيّ لحكم السلطنة العثمانية.

بدأت المناوشات العسكرية بين العثمانيين والصفويين، عندما ثار الشيعة المقيمون في آسيا الصغرى ضد العثمانيين بتأييدٍ من الصفويين في بلاد فارس، قضى السلطان سليم على هذه الثورة، ثم انبرى لمحاربة الشاه، فالتقى الجيشان: العثمانيّ والصفويّ في معركة كبيرة في سهل تشالديران (أو جالديران) سنة ، حقّق فيها العثمانيون انتصاراً كاسحاً بقيادة سلطانهم سليم.

بعد الانتصار على الصفويين، لم يبقَ أمامَ العثمانيين خصمٌ قويّ في الشرق إلّا دولة المماليك، وأدّى تطوّرُ الأحداثِ السياسيةِ وتسارعها إلى اصطدام الفريقين في معركة فاصلة في بلاد الشام، معركة مرج دابق، انتصر فيها العثمانيون، وقُتِلَ سلطان المماليك (قنصوه الغوري).

بعد هذه المعركة واصل العثمانيون زحفهم، وهذه المرة نحو مصر- فالتقوا بالمماليك مرّةً أخرى في معركة الريدانية، التي حُسِمَ فيها مصير مصر والعالم العربيّ الإسلاميّ، بعد أن أعاد العثمانيون انتصارهم على المماليك. فبعد هذه المعركة قدّم شريف مكّة مفاتيح الحرمين الشريفين إلى السلطان سليم؛ اعترافاً منه بخضوع الأراضي الإسلامية المقدّسة في شبه الجزيرة العربية للسيادة العثمانية، وتنازل في الوقت نفسه تنازل

آخر الخلفاء العباسيين، محمد الثالث المتوكّل على الله عن الخلافة للسلطان العثماني، فأصبح السلطان سليم منذ ذلك التاريخ أول حاكم عثماني خليفةً للمسلمين قاطبةً، وحمل لقب (أمير المؤمنين)، و(خليفة رسول ربّ العالمين).

نجح السلطان سليم في حملته التوسّعية شرقاً، وتوحيد بلاد المسلمين تحت السيادة العثمانية، واتّسعت حدود الدولة في عهده اتّساعاً شاسعاً، وأصبحت قوة سياسية عظمى لا تستطيع أيّة دولة في العالم آنذاك أن تواجهها منفردة، ومنذ عهده صار الحاكم العثمانيّ أقوى الحكّام المسلمين في زمانه.

وبعد توحيد بلاد المسلمين أصبحت الدولة العثمانية قادرة على التصدّي للإمبراطورية البرتغالية، ودحرها من مستعمراتها؛ للسيطرة على المنافذ المائية في البلاد العربية الإسلامية.

توفي السلطان سليم في 22 سبتمبر 1520م، الموافق 9 شوال 926هـ، وكان عازماً على قتال فرسان القديس يوحنا في رودس؛ ليعيد التوسّع والامتداد العثماني غرباً في القارة الأوروبية، لكن وافته المنية قبل تحقيق هذا الهدف، فتولّى عرشَ الحكمِ وخلافةَ المسلمين بعدَه ابنُه سليمان، المعروف بـ(سليمان القانونيّ) أو سليمان العظيم.

***

9

العهد العظيم

وتمثّله فترة حكم السلطان سليمان القانونيّ، التي استمرّت ستّةً وأربعين عاماً، وفيها أصبحت الدولة العثمانية أقوى دولة في العالم أجمع، باعتراف المؤرخين والباحثين في الشرق والغرب، وعاشت الدولة في أيام حكمه ازدهاراً اقتصادياً وسياسياً منقطع النظير، حتى بين الدول العظمى على مرّ التاريخ.

واصل السلطان سليمان مشروع أبيه السلطان سليم وأجداده من آل عثمان، في تدعيم قوة الدولة العثمانية، وبسط سيطرتها ونفوذها شرقاً وغرباً، وقد خاضت في عهده معارك عديدة ضدّ الأعداء، برّاً وبحراً، انتصرت فيها جميعها.

فبعد أن أحكت الدولة العثمانية قبضتها على الشرق، وانتصرت على الصفويين والمماليك في عهد السلطان سليم، كان طبيعيًا أن ينصرف خلفه السلطان سليمان إلى ناحية الغرب، صوبَ القارّة الأوروبية؛ ليُتمَّ الفتوحاتِ التي كان أسلافه قد بدأوها من قبله، لا سيّما ما كان والده عازماً على تنفيذه قبل وفاته.

بدأ السلطان سليمان فتوحاته بالاستيلاء على مدينة بلغراد، عام 1521م، ثم توجّه للسيطرة على جزيرة رودس، التي كان أبوه عازماً على فتحها، فاستولى عليها عام 1523م. وشاءت الظروف أن تضطرب الأوضاع الداخلية في مملكة المجر، فاستغلَّ السلطانُ سليمان هذه الفرصةَ المواتيةَ، واستولى على القسم الجنوبيّ والأوسط منها، وضمّه للدولة العثمانية، إذ اشتبكت الجيوش العثمانية مع نظيرتها المجرية في (وادي موهاج) في المجر، في معركةٍ لم تتجاوز الساعات، انتصر فيها العثمانيون نصراً مؤزّراً، مكنّهم من إعلاء راية الإسلام في تلك الربوع فترة طويلة من الزمن.

أدّى انتصار السلطان سليمان في هذه المعركة، والتوسّع العثماني من جديد في القارة الأوروبية، إلى الاصطدام بمملكة النمسا، إذ أرسل ملكها فرديناند وفداً إلى السلطان يطلبُ منه الاعتراف به ملكاً على المجر، لكنّ السلطان المنتشي بالانتصارات العسكرية المتوالية، والمتربع على عرش أقوى دولة في العالم آنذاك، سخر من الوفد، وزجَّ أعضاءه في السجن، ولمّا أفرج عنهم حمّلهم كتاباً إلى ملك النمسا، يخبره فيه باستعداده لملاقاته، فاشتبكت الجيوش العثمانية مع الجيوش النمساوية، ولم تصمد الأخيرة في وجهها، وفرّت بملكها إلى عاصمة النمسا فيينا، الأمر الذي دفع السلطان العثماني لتعقّب فلولها، حتى ضرب حصاراً على العاصمة النمساوية في قلب أوروبا فترة من الزمن، لكنَّ نفاد

الذخيرة والمؤن، وحلول فصل الشتاء القارص في تلك البلاد، أجبر السلطان لفكِّ حصاره عنها، على الرغم من أنّه كبّد القوات النمساوية المدافعة عن العاصمة خسائر فادحة.

وفي سنة 1532م أعاد السلطان سليمان محاصرة العاصمة فيينا، لكنَّ صمود المدينة هذه المرة، أجبر الطرفين على وقف الحرب، وعقد صلحٍ أملى فيه السلطان معظم شروطه، إذ احتفظ بجميع ما استولى عليه من الأراضي المجرية، وتمَّ الاعتراف بالسيطرة العثمانية عليها.

مع توقّفِ حروب الدولة العثمانية في أوروبا، توجّهت أنظار السلطان سليمان إلى الشرق، بعد أن توتّرت العلاقات بينه وبين شاه بلاد فارس (طهماسب بن إسماعيل الصفويّ)، إذ كان هذا الحاكم قد عقد العزم لمهاجمة عامله على بغداد، بعد أن انحاز الأخير – تحتَ إلحاحٍ شعبيّ – إلى العثمانيين؛ بسبب سياسة التطرف المذهبي التي انتهجها الصفويون ضد السكان هناك.

اغتنم السلطان سليمان هذه الفرصة للانقضاض على بلاد فارس، واستئصال شوكة الصفويين، التي يمكن أن تشكّل تهديداً على أمن الدولة العثمانية، فسار إلى الشاه طهماسب، وانتصر عليه، وتمكّن من الاستيلاء على تبريز عاصمة الفرس، ثم توجّه إلى بغداد، ودخلها في حفاوة بالغة.

لم تقتصر انتصارات العثمانيين وفتوحاتهم في عهد السلطان سليمان على صعيد البرّ، فقد حقّقوا في سنواتِ حُكمه فتوحات بحرية مهمّة، لا سيّما تلك التي قادها البحّار اليونانيّ الأصل (خير الدين بربروسا)، الذي كان قد ضمّ الجزائر أيامَ السلطان سليم إلى الدولة العثمانية.

عيّن السلطان سليمان هذا البحّار، أميراً على البحر المتوسط عام 1533م، فقامَ بالمهمة الموكولة إليه أحسن قيام، إذ تمكّن الأسطول العثمانيّ تحت قيادته من انتزاع تونس من أيدي الأسبان، وإخضاعها للدولة العثمانية، وفي عام 1538م، حقّق خير الدين بربروسا نصراً بحرياً مهماً للدولة العثمانية؛ إذ تمكّن من إنزال هزيمة قاسية بأساطيل ملك إسبانيا كارلوس الخامس، والبابا بولس الثالث، وأسطول البندقية، قرب مدينة (بروزة) الواقعة على خليج آرتا شمال غرب اليونان.

ومن الانتصارات البحرية المهمة التي حقّقها العثمانيون في عهد السلطان سليمان تحرير طرابلس الغرب - ليبيا حالياً - من الأسبان وفرسان القديس يوحنا، على يد البحّار (طورغول بك)، وبهذه الانتصارات فرضت الدولة العثمانية سيطرتها وهيمنتها على سواحل البحر الأبيض المتوسط، والبحر الأحمر، والبحر الأسود.

توفي السلطان سليمان العظيم في 5 سبتمبر من سنة 1566م، الموافق 20 صفر 974هـ ، وقد بلغت الدولة العثمانية في عهده أقصى درجات القوة والكمال والازدهار، على الصعدِ كافةً: السياسية والاقتصادية والثقافية والاجتماعية، حتى كانت بشهادة المؤرخين والدارسين أقوى دولةٍ في العالَم آنذاك، دولة شاسعة مترامية الأطراف، أكبرُ دولة في العالم مساحةً، وتمتلك أقوى الجيوش، ولديها أقوى أسطول بحري، الأمر الذي جعلها محميّة الحدود من أي اعتداء، وجميع الدولِ يهابون مواجهتها، ويخشون إثارة قلقها، دولة لديها من المال والموارد الاقتصادية ما يمكّنها من ابتزاز أية دولة تحاول إثارة القلق والفتن فيها، دولة فيها من الكوادر الإدارية المؤهلة ما يجعل الأمور والشؤون فيها تُدار وتُساسُ أفضلَ الإدارة وخير السياسة، ومع وفاة السلطان سليمان انتهى أعظم فصل في حياة الدولة العثمانية، لتبدأ بعده مرحلة السقوط عن القمة والانحسار، التي تمرُّ بها إمبراطوريات التاريخ العظيمة كلّها، تماماً كما يقول الشاعر أبي البقاء الرِّنْدي:

لكلِّ شيءٍ إذا ما تمَّ نقصانُ — فلا يُغَرَّ بطيبِ العيشِ إنسانُ
هيَ الأمورُ كما شاهدتها دولٌ — مَنْ سرَّهُ زمنٌ ساءته أزمانُ
وهذه الدارُ لا تُبقي على أحدٍ — ولا يدومُ على حالٍ لها شانُ

***

10

بداية السقوط والضعف

وفيها تحوّلت الدولة العثمانية من حالة الهجوم والفتوحات، إلى حالة الدفاع وصدّ الغارات وإخماد الثورات.

بدأت هذه الفترة بعد وفاة السلطان سليمان، وتولّي ابنه سليم الثاني مقاليد الخلافة، ولم يكن الأخير قويّاً كأبيه وجدّه، للحفاظ على قوة الإمبراطورية العظيمة التي ورث عرشها عنهم، فقد كانت تنقصه الكفاءة والأهلية لذلك، ناهيك أنّه كان خاملاً، ومتعلّقاً بنزواته وأهوائه، الأمر الذي أوجد فراغاً كبيراً في رأس الهرم السياسيّ والإداريّ للدولة المترامية الأطراف.

هذا الأمر سمح لمنصب الوزير الذي كان يحمل - آنذاك - لقب الصدر الأعظم، أن يملأ هذا الفراغ، الأمر الذي أدخل الدولة العثمانية في طور تقاسم النفوذ والرئاسة بين السلطان العثمانيّ والصدر الأعظم،

وأحياناً الصدر الأعظم كان الحاكمَ الفعليّ، والمرجع الأول في اتّخاذ القرار، ولم يكن للخليفة إلّا السلطة الاسمية.

هذا الأمر جرّ سلبياتٍ كثيرةً على الواقع السياسيّ والإداريّ الذي كانت تمرُّ به الدولة العثمانية معظم الأوقات، لا سيّما إذا لم يكن الصدر الأعظم على قدرٍ عالٍ من الاستقامة والصلاح، أو كان في صراع مع رجال القصر، الأمر الذي يساعد على تفشّي الخلاف وصراع النفوذ بين أصحاب المناصب، ويعود بالضعف والمشاكل على الدولة وهيبتها على الصعيد الخارجيّ، وسوء إدارتها للأزمات، وتدبير شؤون الناس على الصعيد الداخليّ.

بخصوص السلطان سليم الثاني الذي لم يكن على حجم المسؤولية في تولّي كرسي الخلافة العثمانية، شاءت الظروف أن تخدم هذه الإمبراطورية، بأن يكون الصدر الأعظم لها محمد باشا صقللي، وهو رجلٌ ذو خبرة وأهلية في إدارة الأزمات، وتدبير الأمور، وله باع طويل في العمل السياسيّ والإداريّ، وقد استطاع أن يملأ الفراغ السياسيّ في رأس القيادة للدولة العثمانية، ويحافظ عليها من السقوط مباشرةً بعد الشأو البعيد الذي بلغته في القوة والمجد.

قام هذا الوزير (الصدرُ الأعظم) بأعمال مهمّة، حافظت على استقرار الأمور في الدولة العثمانية، وبقاء هيبتها وقوتها، أبرز هذه الأعمال أنّه تمكّن من إخماد ثورة اندلعت في اليمن سنة 1569م، بعد أن أرسل إليها جيشاً كبيراً بقيادة عثمان باشا، يسانده والي مصر- سنان باشا، وقد تمكّن هذا الجيش من دخول مدينة صنعاء، وفتح القلاع جميعها في تلك البلاد.

ومن الأعمال التي قام بها الصدر الأعظم، أنّه أعاد فتح جزيرة قبرص، وتحريرها من أيدي قوات البندقية، وفي عام 1569م شنّت الدولة العثمانية حملةً على مدينة (أسترخان)، الواقعة على نهر (الفولغا) في بحر قزوين، من أجل استرداد هذه الإمارةِ، ووضع حدٍّ لنفوذ روسيا وامتدادها نحو الجنوب، وبالتالي تفويت الفرصة أمامها للسيطرة على الطرق التجارية التي تمرُّ فيها البضائع من وإلى البلاد الإسلامية.

وعلى الرغم من أنَّ الحملة نجحت في الحفاظ على الطرق التي تمرُّ بها التجارة في البلاد الإسلامية، إلّا أنّها فشلت في الاستيلاء على المدينة؛ لأنَّ حاكم القرم آنذاك (دولت كراي الأول)، رفض التعاون مع

الجيش العثمانيّ، وطمع في الاستيلاء على المدينة. وقد كانت هذه الحملة بداية لدخول الدولة العثمانية في صراعات لاحقة مع روسيا.

وفي عهد السلطان سليم الثاني تعرّضت الدولة العثمانية لأول هزيمة كبيرة، هزّت صورتها العسكرية أمام الأعداء، كانت في معركة ليبانتو البحرية سنة 1571م، التي تحالف فيها ملك إسبانيا فيليب الثاني، مع البابا بيوس الخامس، وجمهورية البندقية ضد الدولة العثمانية؛ لوقف تقدّمها في البحر المتوسط نحو إيطاليا، واسترداد الحصون التي استولت عليها في شمال إفريقيا. وقد اشتبك الأسطولان: العثماني والأوروبي عند خليج (باتراس)، في معركة طاحنة، أسفرت عن هزيمة العثمانيين هزيمة فادحة.

تدارك الصدر الأعظم محمد باشا صقللي الوضعَ بعد هذه الهزيمة، فأعاد بناء أسطول الدولة وتجهيزه من جديد، حتى إذا أقبل صيف عام 1572م، قرّر أن يقوم بحملة على دولة البندقية، لكنّ حكّامها جنحوا إلى السلم هذه المرّة، ووقعوا معاهدة مع الدولة العثمانية سنة 1573م، الأمر الذي أتاح للعثمانيين فرصة محاربة الأسبان الذي عادوا لاحتلال تونس، فشنّوا حملة عليهم، وصدّوهم عنها.

توفي السلطان سليم الثاني يوم 12 ديسمبر من سنة 1574م، الموافق 27 شعبان 982هـ، وتولّى الخلافة بعده ابنه مراد الثالث، وفي عهده ساعد العثمانيون سلطان مراكش في إخماد ثورة قامت ضده يدعمها البرتغاليون، فقد استبكوا معهم في موقعة القصر ـ الكبير، وانتصروا عليهم، ودحروا البرتغاليين، وأعادوا الحُكم إلى سلطان مراكش.

لكن من أهمّ الأعمال التي قام بها إرساله حملة عسكرية إلى بلاد فارس، لفتح ما تيسّر من مدنها، بعد وفاة الشاه طهماسب الأول، وتنازع أبنائه على السلطة، وقد نجحت الحملة في ضمّ بلاد الكرج، وأذربيجان الشمالية، وداغستان إلى الدولة العثمانية.

***

11
استمرار السقوط

وفي عهد السلطان مراد الثالث، حصل أمرٌ خطير، ساهم إلى حدٍّ كبير في استمرار حالة السقوط التي بدأت تعيشها الدولة المترامية الأطراف، كان الحدث مقتل الصدر الأعظم محمد باشا صقللي سنة 1579م، وخطورة الأمر لا تتعلّق بمقتله، بل بالفوضى التي عمّت رأس الهرم الإداري في البلاد، إذ راح الولاة والوزراء يتنافسون على منصب الصدر الأعظم، وكلّ واحدٍ منهم كان يحيك المؤامرات والمكائد ضد الآخر ليظفر هو بالمنصب، متناسين حجم المخاطر والتحديات التي كانت تمرُّ بها البلاد آنذاك.

وفي سنة 1590م، أبرم العثمانيون صلحاً مع الصفويين، تنازلوا فيه عن أراضٍ ضمّوها سابقاً لحدودهم، واعترفوا بها للصفويين، أهمّها جنوب أذربيجان، والعاصمة تبريز.

وبعد هذا الصلح هدأت الأوضاع الأمنية على حدود الدولة شرقاً وغرباً، الأمر الذي قلّل إلى حدٍّ كبير من الامتيازات التي كان يحظى بها الجنودُ الانكشاريّة، فدفعهم هذا إلى الثورة والعصيان في العاصمة

إسطنبول وبعض الولايات؛ لتحسين أوضاعهم، نتيجة لذلك اضطرّ الصدر الأعظم الجديد سنان باشا إلى أن يُشغِلَ الانكشارية بالحروب مع الجيوش النمساوية في بلاد المجر، لكن بسبب الفوضى التي وصلت إليها القوات الانكشارية، تعرّضوا لعدّة هزائم، وفقدوا بعض القلاع.

توفي السلطان مراد الثالث في 19 يناير من سنة 1595م، الموافق 8 جمادى الأولى 1003هـ، فاستلم عرش الخلافة بعده ابنه محمد الثالث، الذي أعاد قيادة الجيوش للسلطان العثمانيّ، بعد أن كانت من صلاحيات الصدر الأعظم، فقاد الجيوش بنفسه لمحاربة القوات النمساوية والمجرية، وانتصر عليهم في معركة (كرزت) سنة 1596م.

وفي بداية القرن السابع عشر اندلعت في الأناضول ثورة داخلية، قامت بها بعض الفرق الانكشارية التي نفيت هناك، عقاباً على عدم ثباتها في معركة كرزت، وأعقبتها ثورة أخرى في العاصمة إسطنبول، وعلى الرغم من أنَّ الدولة العثمانية أخمدت هاتين الثورتين، إلّا أنّهما استنزفتا قَدْراً من قوة الدولة ومخزونها الإستراتيجي.

بدت الدولة العثمانية في القرن السابع عشر أقلّ روعةً وقوةً وهيبةً ممّا كانت عليها في السابق، لا سيّما في القرن السادس عشر، فبعد وفاة السلطان محمد الثالث، جاء على الدولة سلاطين بدا عليهم الضعفُ واضحاً، ومعظمهم كانوا منغمسين في الملذات، وعلى الرغم من ظهور

بعض الشخصيات القويّة التي حاولت أن تحافظ على قوة الدولة وهيبتها، لم يمنع ذلك مُضيها في طور الانحسار والضعف، الذي بدأ ظهوره على نحوٍ واضحٍ عندما تنازلت الدولة العثمانية عن عراق العجم (إيران حالياً) للدولة الصفوية، إذ كان هذا التنازل بداية فقدان الدولة للمكتسبات التي حقّقتها من فتوحاتها التاريخية، وبداية الاضمحلال الذي أخذ يقلّص من مساحتها الشاسعة شيئاً فشيئاً.

توالى على الدولة العثمانية في القرن السابع عشر عدة سلاطين، فبعد السلطان محمد الثالث، جاء السلطان أحمد الأول، ثم تولّى الخلافة أخوه مصطفى الأول لثلاثة أشهر، قبل أن يُعيّن عثمان الثاني بدلاً منه، ويظهر من توالي السلاطين على هذا النحو، حجم الترهّل الإداري الذي بدأت تغصُّ فيه البلاد، إذ نتج عن ذلك أن تخاذل الجنود الانكشاريّون في القتال وطاعة الخليفة، فأراد السلطان عثمان أن يستبدلَ بهم جنوداً جدداً مدرّبين، لكنّهم ثاروا عليهم وقتلوه، وأعادوا عمّه مصطفى الأول إلى الحكم، وما إن انتشر خبر مقتل الخليفة، حتى عمّت الفوضى أرجاء الدولة، وبدأ الولاةُ يعلنون الاستقلال عن الدولة، ولولا أن أعاد الانكشاريون عَزْلَ السلطان مصطفى، وتعيين ابن أخيه مراد الرابع، ربما لما استمرّت الدولة العثمانية فترة أطول من ذلك.

تولّى السلطان مراد الرابع عرش الخلافة في وقت تمرّ به البلاد بكثير من الأزمات، لا سيّما الثورات والحركات الانفصالية التي كان يقودها

بعض الولاة، ويبدو أنَّ القرن السابع عشر، كان قرن الثورات بالنسبة للدولة العثمانية، منها ثورة أباظة باشا والي (أرضروم)، وثورة أمير لبنان فخر الدين المعني الثاني الاستقلالية.

استطاع السلطان مراد أن يخمدَ هذه الثورات ويقضيَ عليها، وتمكّن من استرجاع مدن: بغداد وهمدان، وتبريز، وبريفان، وأذربيجان من الصفويين، فحافظ بذلك على تماسك الدولة ووحدتها على الصعيدين: الداخليّ والخارجي.

وبعده جاء السلطان إبراهيم الأول، وفي عهده شهدت البلاد انتعاشاً اقتصادياً، وأُعيدَ تدعيمُ جيشها وأسطولها، إذ تمكّن الأسطول العثمانيّ من دخول جزيرة كريت دون مقاومة تذكر، ويبدو أنَّ عهده كان آخر فترات القوة والهيبة للدولة العثمانية، فبعده تمكّن الضعف السياسي منها، لا سيّما بعد التطوّرات السياسية والاجتماعية والثقافية التي مرّت بها البلدان الأوروبية دون أن تلتفت إليها الدولة العثمانية، فقد بدأت تلك الدول في الصعود الحضاري، والتطوّر الاقتصادي المعزّز بالنهضة العلمية والثورة الصناعية التي عاشتها آنذلك، وانعكس ذلك كلّه على قوتها، وبدت كفّةُ ميزان القوى السياسي ترجح لصالحها على حساب الدولة العثمانية التي بدأ تدخل طور الهرم السياسيّ من عمر الإمبراطوريات والدول.

لكن مع ذلك لا يجوز التعميم أنَّ القرن السابع عشر- لم يخلُ من محاولات استرجاع القوة والهيبة العثمانية التي كانت تشكّلُ مصدر رعبٍ لأوروبا في القرون السابقة، فقد كانت هناك محاولة جادّة قام بها المصلح الكبير (محمد الكوبريللي)، الذي تولّى منصب الصدر الأعظم عام 1656م، في عهد السلطان محمد الرابع، وقام بإصلاحات مهمة كان لها آثارٌ إيجابية على الدولة في اشتداد عودها من جديد، وإحياء شبابها السياسيّ، وتبعه ابنه (فاضل أحمد) الذي استمرّ على نهج أبيه في الإصلاح، إذ قامت الجيوش العثمانية في عهده بهجوم على بلاد المجر سنة 1663م، وتمكّنوا من الاستيلاء على ما يُعرَف حالياً بـ(أوكرانيا)، التي كانت تتبع آنذاك لملك بولندا، ولم يتوقّفوا عند هذا الحدّ، فقاموا سنة 1683م، بمحاصرة فيينا العاصمة النمساويّة فيينا للمرة الأخيرة، ولكنَّ محاولتهم لم تنجحْ في إسقاط المدينة.

وفي 8 نوفمبر من سنة 1687م، الموافق 2 محرم 1099هـ، عُزِلَ السلطان محمد الرابع، فعمّت البلاد فوضى كبيرة بعزله، إذ احتلّت النمسا أراضيَ تابعةً للدولة العثمانية، مثل بلغراد وأجزاء واسعة من بلاد الصرب، واحتلّت دولة البندقية أجزاء ممّا يُعرَفُ بكرواتيا ودلماسيا، ومعظم بلاد المورة، ولم ينقذ البلاد من هذه الأزمة الكبيرة إلّا مصطفى كوبريللي باشا، الابن الآخر للمصلح الكبير محمد كوبريللي، وقد بذل جهداً كبيراً في بثّ روح النظام في الجنود، ورفع معنوياتهم،

وأحسن إلى الرعايا النصارى في الدولة العثمانية، إلى أن استمالَهم لصفّ الدولة العثمانية، واستطاع استرجاع بلغراد، وأجزاء من بلاد الصرب، وإقليم ترانسلفانيا، إلى سيطرة الدولة العثمانية.

وفي عهد السلطان مصطفى الثاني، انتصر العثمانيون على بولندا، وأجبروا قيصر روسيا بطرس الأكبر على فكِّ الحصار عن مدينة آزوف، واستعادوا البوسنة وبعض الجزر في بحر إيجة، لكنّ الروس عادوا من جديد للاستيلاء على مدينة آزوف، ثم جاءت الضربة الموجعة للخاصرة العثمانية في القارة الأوروبية، عندما انتصر النمساويون تحالفهم بعض القوى الأوروبية على الدولة العثمانية في معركة زانطة سنة 1697م، وأجبروها على توقيع معاهدة (كارلوفتش)، التي تنازلت فيها عن مدينة آزوف لصالح الروس، وأجزاء من بلاد المجر لصالح النمسا، وأوكرانيا وبودوليا لبولندا، وساحل دلماسيا وبعض الجزر في بحر إيجة للبندقية، وبهذا الهزيمة الكبيرة دخلت الدولة العثمانية في مرحلة فقدان السيطرة على بعض البلاد التي كانت قد استولت عليها، وبدأ التلقّص التدريجي لرقتها، وكثرت الدولة المعادية لها التي دخلت معها في حروب دفاعٍ منهكة ما يقارب قرنين من الزمان.

***

12

طور التفكّك والهزيمة وصولاً إلى الرجل المريض

بدأت هذه المرحلة من عمر الدولة العثمانية على نحوٍ فعليّ مع بداية القرن الثامن عشر، وفيها كثرت وتعدّدت حروب الدفاع التي خاضَ العثمانيون على جميع الجبهات، لا سيّما غرباً في القارة الأوروبية، ومن يتتبّع سير الأحداث وتشابكها في هذه المرحلة، يعرف حجم التحديات الكبيرة، وعمق الأزمات التي كانت تعصف بكيان الدولة، ويدرك حجم المجهود الجبّار الذي كانت تقوم بها القيادات العثمانية من أجل الإبقاء على ما تملكه الدولة، وإدامة السيطرة عليها، لا سيّما مع تنامي القوى الأوروبية الصاعدة، وزيادة التنافس بينها، وقد أحسن العثمانيون استغلال ذلك في كثيرٍ من الأوقات، فتارة يتحالفون مع عدوٍّ أوروبيّ لإضعاف عدوٍّ آخر، وأخرى يناصبونه العداء، ومتى سنحت لهم الفرصة للانقضاض عليه، كانوا لا يفوّتونها.

في ظلّ عمليات الشدّ والجذب السياسيّ التي كان يمرُّ بها العالم آنذاك، تمكّن العثمانيون من إطالة بقائهم السياسيّ، وإدامة دولتهم لأكثر من قرنين من الزمان، ومع بداية هذه المرحلة ظهرت الإمبراطورية الروسية القيصرية أقوى خصم أوروبيّ في مجابهة الدولة العثمانية، وخاضت معها حروب عدّة، بعد أن كانت الإمبراطورية النمساوية هي الخصم الأوروبيّ الأول في أوروبا في مواجهة المدّ العثمانيّ الإسلاميّ في القرنين الخامس عشر والسادس عشر.

بدأ العثمانيون صراعهم مع الروس في عهد السلطان أحمد الثالث، عندما طلب منهم ملك السويد دعماً في حربه ضد الروس، لكنّهم رفضوا في البداية تقديم الدعم، لكن عندما مالت كفّة الصراع لصالح الروس، الذين هزموا السويد، وأرغموا ملكها على الفرار، طلب الأخيرُ اللجوء من العثمانيين، عندئذٍ قرّرت الدولة العثمانية أن تدخل الحرب ضد الروس، وقد تمكّنوا من محاصرة القيصر ـ بطرس الأكبر، لكنّ الصدر الأعظم آنذاك فكّ الحصار عنه، بعد أن تلقّى رشوةً من خليلة القيصر كاترين، فاضطرّ العثمانيون بعدئذٍ إلى توقيع معاهدة (بساروفتش) مع الروس ومن يحالفهم من الأوروبيين في مواجهة الدولة العثمانية سنة 1718م، إذ كانت البندقية قد استنجدت بالنمسا في حربها مع العثمانيين، الأمر الذي أجبر الطرف الأخير على التنازل

عن بلغراد، وجزءاً من بلاد الأفلاق للنمسا، مقابل عودة بلاد المورة إليهم.

في الجبهة الشرقية استمرّ الصراع بين العثمانيين والصفويين، وكانت الحرب سجالاً بين الطرفين، تارة يستولي طرف على بعض المناطق من الطرف الآخر، وأخرى يستعيد الطرف الآخر ما فُقِدَ منه من أراضٍ ومساحات.

عادت الحربُ مجدّداً بين الدولة العثمانية وروسيا في عقد الثلاثينات من القرن الثامن عشر؛ بسبب احتلال الأخيرة لبولندا بدعمٍ وتحالفٍ من النمسا، وقد تمكّن العثمانيون من دحر الجيش الروسي والنمساويّ، وثأروا لأنفسهم ممّا تعرّضوا لهم من هزائم، وأرغموا النمسا على توقيع معاهدة بلغراد سنة 1739م، التي نصّت على عودة بلغراد، وما استولت عليه النمسا في بلاد الصرب والأفلاق إلى سيادة الدولة العثمانية، وفي الوقت نفسه أجبروا روسيا على هدم قلاع مدينة آزوف، وألّا تبحر سفينة تابعة لها في البحر الأسود.

ترك هذا النصر آثاراً مريرة في نفوس الروس والنمساويين، لتعودَ الحربُ من جديد بينهم وبين الدولة العثمانية في عقد السبعينات من القرن الثامن عشر، وهذه المرة فقد العثمانيون عدة مدن لصالح الروس،

أهمّها إقليما الأفلاق والبغدان، وقد حاول الروس احتلال مدينة (طرابزون)، لكنّهم فشلوا في ذلك، لكنّهم استطاعوا فصل إقليم (القرم) عن الدولة العثمانية.

حاولت الدولة العثمانية مقاومة القوة الروسية الصاعدة بكلّ ما أتيح لها من وسائل، لكنّ الأخيرة لجأت إلى أسلوب إثارة الفتن؛ لزعزعة الأوضاع الداخلية في الدولة العثمانية، فأثارت المسيحيين في بلاد المورة ضدها، وتوجّهت بأسطولها لاحتلال هذه البلاد، لكنّ الأسطول مُنيَ بهزيمةٍ على يد الأسطول العثمانيّ، ثم توجّه إلى احتلال جزيرة (لمنوس)، لكنّ الأسطول العثماني هزمه مجدداً.

في 10 يونيو من سنة 1772م، الموافق 9 ربيع الأول 1186هـ، وقّع الطرفان: العثمانيّ والروسيّ اتفاق صلح بينهما، نال بموجبه الأخير بعض الامتيازات، أهمّها حقّ حماية المسيحيين الأرثوذكس في الدولة العثمانية. وتزامن مع حروب روسيا مع الدولة العثمانية ظهور حركتين انفصاليتين فيها، الأولى في مصر، وهي حركة علي بك الكبير، والثانية حركة الشيخ ظاهر العمر في فلسطين، وقد تمكّن العثمانيون من إخماد هاتين الحركتين.

***

13

محاولات السلطان سليم الثالث الإصلاحية

تولّى عرش الخلافة العثمانية السلطان سليم الثالث، وكانت له محاولات إصلاحية جادّة، لترميم ما لحق بالبيت العثماني من هزائم ومشاكل، وقد كان هذا السلطانُ أكثرَ ثقافةً وانفتاحاً على الغرب، وميلاً للحياة المدنية الحديثة من أسلافه، لهذا استهدفت إصلاحاته جوانب الحياة كافةً: الإدارية، والعسكرية، والاقتصادية، والاجتماعية، والثقافية.

كانت البلاد إبّان تولّي هذا السلطان الحكم قد وصلت إلى حالةٍ اقتصاديةٍ متدنيةٍ جرّاء الحروب المتواصلة التي خاضتها ضد روسيا والنمسا، ولم يكن في استطاعتها القيام بأيّة حملة جديدة، وشاءت الظروف التاريخية أن تخدم الدولة بأن قامت الثورة الفرنسية في أوروبا، التي أشغلت حكّامها عن القيام بأيّة محاولات هجوم على أراضي الدولة العثمانية، الأمر الذي دفع النمسا لعقد صلحٍ مع الدولة العثمانية

اعترفوا بموجبه بعودة بلغراد وأجزاء من بلاد الصرب إلى السيادة العثمانية.

واجه السلطان سليم الثالث عدة تحديات مع تولّيه الحكم، أبرزها التفوق العلميّ والثقافيّ الذي بدأ يعيشه الغرب تجاه الدولة العثمانية، لذا لم يتردّد في الأخذ ببعض الأنماط الغربية في إدارة بعض شؤون البلاد، فجاء بفكرة الجنود النظاميين أو الجيش النظاميّ؛ ليتخلّص من الانكشارية الذين أصبحوا منبعاً للهزائم والفتن، ووضع نظاماً هرميّاً في القيادة العسكرية، وبنى القلاع الحصينة لحماية الثغور، واستعان بخبراء من السويد لصنع المدافع، وأنشأ داراً لصناعة السفن على الطريقة الفرنسية، وأمر بترجمة بعض المراجع المهمّة في الرياضيات والعلم العسكريّ.

لكن لم تلقَ إصلاحات السلطان سليم هوىً لدى بعض الأطراف في الدولة، لا سيّما الجنود الانكشارية، الذين فقدوا كثيراً من امتيازاتهم بسبب هذه الإصلاحات، فقد فصل السلطان الأسطول والمدفعية عن فرقتهم، الأمر الذي دفعهم للعصيان والثورة ضد السلطان، ومعهم الجنود غير النظاميين، وأجبروه على إلغاء النظام العسكريّ الجديد، ولم

يكتفوا بذلك بل قاموا بعزل السلطان وقتله لاحقاً، وتنصيب السلطان مصطفى الرابع على عرش الخلافة العثمانية.

شهد عهد السلطان سليم الثالث أحداثاً خطيرة في تاريخ الدولة العثمانية، أبرزها الحملة الفرنسية على مصر ـ بقيادة نابليون بونابرت الأول، وهنا تحوّل أصدقاء الأمس الفرنسيين الذين كانت تربطهم علاقات صداقة بالدولة العثمانية منذ عهد السلطان سليمان القانونيّ، إلى أعداء، وفي الوقت نفسه، أعداءُ الأمس صاروا حلفاء، إذ تحالفت روسيا – ومعها بريطانيا – مع الدولة العثمانية؛ لإخراج الفرنسيين من مصر، وفي عهده أصبح في اليونان حكم ذاتيّ مستقلّ، لكن بقيت السيادة العثمانية عليها.

***

14

توالي الأزمات الداخلية

بعد السلطان سليم الثالث، جاء السلطان مصطفى الرابع، ولم يدم حكمه طويلاً، إذ ثار الجنودُ الإنكشارية عليه، ونصّبوا أخاه محموداً الثاني بدلاً منه، وفي عهده توالت الأزمات الداخلية والخارجية على البلاد، ودخلت في طورٍ شاقٍّ من المشاكل والضعف المتواصل الذي أخذ يتغلغل في كيان الدولة وأطرافها، وممّا زاد في تعميق الأزمة، الفجوة الحضارية والعلمية التي بدت واضحة بين الدول العثمانية ودول أوروبا الصاعدة، وهنا انقسمت النخبة المتعلّمة والمثقّفة في البلاد إلى قسمين: قسم أرجع ما وصلت إليه الدولة من ضعف إلى الابتعاد عن تعاليم الإسلام، وعدم التمسّك الحقيقيّ بها، وقسم آخر رأى أنَّ السبيل لخروج الدولة من حالة التخلّف العلميّ والتراجع الحضاري، يكمن في ضرورة الانفتاح على العالم الأوروبيّ، والأخذ بكثير من نُظمه وعلومه، ويبدو أنَّ هذا الانقسام الثقافيّ الذي وُلِدَ في ذلك الوقت، ظلَّ مستمرّاً إلى وقتنا الحالي، ولم يَقُدْ إلى شيءٍ إلّا إلى مزيدٍ من الانقسام

والتخلّف، وتعميق الأزمة الحضارية التي ما زالت تعيشُ فيها الأمة في أيامنا هذه.

في بداية عهد السلطان محمود الثاني، بدأت بعض البلدان في أوروبا تحاول الاستقلال عن الدولة العثمانية، فكان عهده بذلك بداية انفصال أوروبا الشرقية عن جسد الدولة العثماني، فقد ثار السكان الصرب، وطالبوا باستقلالهم عن الدولة العثمانية، لكنّ الأخيرة قمعت ثورتهم، ولم تتمكّن من وأدها، إلى أن تعهّدت بعدم التدخّل في شؤونهم، مقابل السيطرة على القلاع في بلادهم.

وسرعان ما أعقب ثورة الصرب، عصيان (علي باشا)، والي مدينة (يانية) الألبانية، الذي امتنع عن دفع الخراج لخزينة الدولة، وأعلن خروجه على أوامر السلطان العثمانيّ، فأرسل الأخير جيشاً إليه، تمكّن من إلقاء القبض عليه، وإعدامه.

ثم ثار اليونانيون طلباً للاستقلال، فلم يجد العثمانيون سبيلاً لإخماد ثورتهم إلّا إرسال محمد علي باشا والي مصر- آنذاك، الذي استجاب لأوامر السلطان، وأرسل أسطولاً إلى اليونان، تمكّن من إخماد الثورة فيها.

لكن سرعان ما عاد اليونانيون للثورة مجدداً، ونجحوا في تحقيق مسعاهم بعد المساعدات التي تلقّوها من الدول الأوروبية، فحصلوا على الحكم الذاتيّ لبلدهم، وأصبح للدولة العثمانية السيادة الاسمية عليه.

في عام 1827م، تعرّضت الدولة العثمانية لضربة قاصمة في قواها العسكرية، إذ تعرّض الأسطول العثمانيّ والمصريّ لهجومٍ كاسح ومباغت من السفن البريطانية والروسية في معركة نافارين، التي كادت أن تُبيد القوة البحرية في الدولة العثمانية على نحوٍ نهائيّ، بعد تحطّم معظم سفن الأسطولين: العثمانيّ والمصريّ.

***

15

طور الأفول وظهور التنظيمات السرّيّة (1828م - 1908م)

دخلت الدولة العثمانية في الطور الأخير من عمرها السياسيّ، وبدا انهيارها أمراً وشيكاً لا مفرّ منه، وأنّها في طريق الزوال لا محالة، وبدا واضحاً في هذه الفترة التفاوت الكبير في القوة والتقدّم بينها وبين الدول الأوروبية، ويظهر أنَّ الخلاف بين الدول الأوروبية الكبرى آنذاك: بريطانيا وفرنسا وروسيا، وعدم اتّفاقها على اقتسام الدولة العثمانية، هو الذي أخّر زوالها، وهي أيضاً قد استفادت من خلاف هذه الدول في ما بينها، ومن سياسة التنافس الاستعماري التي كانت سائدة بينها، لكنّ هذا لم يمنع من فقدان الدولة العثمانية كثيراً من أراضيها، وفقدانها السيطرة والسيادة على عددٍ من الولايات التابعة لها، حتى يمكن القولُ إنَّ الاستعمار الأوروبيّ ومشاريعه في البلاد العربية قد بدأ في هذه الفترة.

ظهر في هذه المرحلة السلطان محمود الثاني، الذي تولّى مقاليد الخلافة العثمانية سنة 1808م، وعمرُه ثلاثةٌ وعشرون عاماً، وقام بعددٍ من الإصلاحات لجعل الدولة العثمانية تواكبُ أوروبا، فكان من أهمّ الأمور التي قام بها إلغاء جيش الإنكشارية، واستبدل به نظاماً عسكرياً جديداً يشبه الأنظمة العسكرية السائدة في أوروبا آنذاك.

أدّى هذا القرارُ إلى اعتراض الإنكشارية وعصيانهم في العاصمة العثمانية (الآستانة)، لكن هذه المرة حصدتهم المدفعية العثمانية، وأبادتهم.

عمد السلطان محمود الثاني إلى إصلاح التعليم، فأنشأ عدداً من المدارس الحديثة، وأرسل بعثاتٍ علمية إلى أوروبا، واتّجه بالبلاد إلى تقليد الحياة الأوروبية، لكن لم يَدُمْ حالُ الإصلاح بالبلاد طويلاً، فقد أعلنت روسيا الحرب على الدولة العثمانية، بعد أن رفضت الأخيرة الاعتراف بقرارات مؤتمر لندن، الذي نصّ على استقلال اليونان، وتمكّن الروس من احتلال إقليم البغدان، وإقليم الأفلاق، ووصلوا إلى مدينة (أدرنة)، وبلغ بهم الأمر أن هدّدوا بإسقاط الآستانة، لولا تدخّل بريطانيا وفرنسا لوقف تقدّم روسيا ونفوذها في الشرق. الأمر الذي دفع الروس والعثمانيين لعقد معاهدة أدرنة التي نصّت على عودة

المناطق التي احتلّتها روسيا إلى الدولة العثمانية، مقابل أن تحظى روسيا ببعض الامتيازات، وتعويضها عن الخسائر التي تكبّدتها في الحرب، واستقلال بلاد الصرب عن الدول العثمانية.

وفي سنة 1830م، ساءت العلاقات مجدداً بين الدولة العثمانية وفرنسا، التي ظهرت في ذلك الوقت قوة عالمية استعمارية، لها جيش قويّ على درجة عالية من الاستعداد والقوة والكفاءة، فقامت باحتلال ولاية (الجزائر)، متذرعةً بدعوى منع القراصنة المسلمين في البحر المتوسط من الاعتداء على سفنها التجارية، وبهذا الاحتلال فقدت الدولة العثمانية سيادتها على الجزائر إلى الأبد، على الرغم من أنَّ الجزائريين أظهروا مقاومةً باسلةً ضد المستعمِر المحتلّ الفرنسيّ، لا سيّما إبان قيادة الأمير عبد القادر الجزائري حركة المقاومة الجزائرية ضد الاحتلال مدة سبع عشرة سنةً، فقد بقيت الجزائر ترزح تحت الاحتلال الفرنسيّ حتى عام 1962م؛ أي إنَّ الاستعمار الفرنسيّ لها استمرّ أكثر من مئة وثلاثين عاماً.

توالت المشاكل والأزمات على الدولة العثمانية، وهذه المرة جاءها الخطرُ من الداخل؛ فمحمد علي باشا والي مصر، الذي أصبح أقوى والي في الدولة العثمانية في المشرق العربيّ، طمح في توسعة نفوذه على

حساب الدولة العثمانية نفسها، وكان السلطان محمود الثاني قد وعده بأن يولّيه على بلاد الشام؛ لقاء الخدمات الجليلة التي قدّمها للعثمانيين في إخماد ثورة اليونان، لكنّ السلطان أخلف وعده معه، فما كان منه إلّا أن قرّر اجتياح بلاد الشام بالقوة، وجعلها جزءاً من ملكه وحكمه، فوجّه جيشاً إلى فلسطين وأخضعها، ثم زحف نحو مدن الساحل اللبنانيّ واستولى عليها، ثم توجّه نحو وسط بلاد الشام وشمالها، واستولى عليها أيضاً.

استمرّ زحف الجيش المصري إلى أن وصل إلى الأناضول، وهناك اشتبك مع الجيش العثماني في مدينة (قونية) وانتصر عليه، لتصبح العاصمة العثمانية (الآستانة) على مرمى ليسَ بالبعيد أو الصعب منه، الأمر الذي دفع السلطان محمود الثاني للاستنجاد بالدول الأوروبية لوقف مغامرة محمد علي باشا.

استجابت روسيا لطلب السلطان محمود، فأرسلت آلاف الجنود إلى الآستانة للدفاع عنها، عندئذٍ خشيت بريطانيا وفرنسا من تنامي النفوذ الروسيّ في الدولة العثمانية، فتوسّطت بين محمد علي باشا والسلطان العثماني، حتى أقرّ الأخير بولاية مصر، وفلسطين، ولبنان، وجزيرة

كريت، وأضنة لمحمد علي باشا، مقابل أن تُمنَحَ الأموالُ نفسُها التي كان يؤدّيها ولاة الشام للدولة العثمانية من قبل.

حاول السلطان محمود الثاني في آخر أيامه استعادة مصر وبلاد الشام، فأرسل جيشاً جديداً عَبَرَ الفرات واشتبك بالجيش المصري في معركة نصيبين سنة 1839م، الذي أعادَ هزيمة الجيش العثمانيّ مرةً أخرى، وشاءت الظروفُ أن يتوفّى السلطان محمود قبل أن تصله أنباء الهزيمة.

خلف السلطان محمود الثاني على عرش الدولة العثمانية ابنه عبد المجيد الأول، الذي لم يبلغ عامه الثامن عشر لحظة تولّيه الحكم، وقد ورث دولة على شفير الانهيار، بعد الهزائم المتواصلة التي لحقت بها، لا سيما الهزائم الأخيرة من الجيش المصريّ، التي كبّدت الجيش العثماني خسائر فادحة، وأدّت إلى إنهاكه وتشتيت قواه.

لم يكن أمام السلطان الفتى خيارٌ إلّا إجراء المفاوضات مع محمد علي باشا، الذي اشترط أن يكون الحكم في بلاد الشام ومصر حقّاً وراثيّاً في أسرته، وكاد السلطان عبد المجيد يقبلُ بشروط محمد علي، لولا تدخّل الدول الأوروبية بالوساطة بينهما، فقد اجتمعت كلّ من بريطانيا، وروسيا، وبروسيا، والنمسا، وعقدوا اتّفاقيةً وافقَ عليها

العثمانيون، ثم عرضوها على محمد علي، تنصُّ على بقاء حكم مصر وراثيّاً في عائلته، ويبقى هو والياً على عكّا مدى حياته.

لكنّه رفض ذلك العرض، وطرد المندوبين الأوروبيين والمندوب العثماني من مصر، الأمر الذي دفع الدول الأوروبية لأن توجّه سفنها إلى مدن الساحل الشاميّ، وهناك حقّقت انتصاراً كبيراً على قوات محمد عليّ بقيادة ابنه إبراهيم باشا، الأمر الذي أجبره على الانسحاب من بلاد الشام والعودة إلى مصر، وبهذا عادت بلاد الشام إلى حكم الدولة العثمانية، وأصبحت سيادتها على مصر اسميّةً، التي صارت تتمتّع بحكم ذاتيّ ووراثيّ في الأسرة الخديوية التي أسّسها محمد علي باشا.

بعد انتهاء الأزمة العثمانية – المصرية، بدت الدولة العثمانية بمظهر الشيخوخة السياسية التي تمرُّ بها الدول في أواخر أيامها، ووصلت فعلاً إلى حدّ أن تُدعى (الرجل المريض)، فأصبح حتماً أن يبدأ الأوروبيون يُخطّطون لاقتسامها مستقبلاً، لا سيّما مع انحسار قوتها وفقدانها كثيراً من الأراضي في أوروبا الشرقية، ونشاط القوميات المسيحية في شبه جزيرة البلقان؛ للمطالبة بالاستقلال والانفصال عن الدولة العثمانية، ناهيك عن الفتن الداخلية التي اندلعت في بعض الولايات.

كلُّ هذه العوامل مجتمعةً ساعدت إلى حدٍّ كبير الدول الأوروبية في التدخّل في شؤون الدولة العثمانية، ومن أبرز الأحداث التي استغلّتها أوروبا للتدخّل في شؤونها، الفتنة الطائفية التي وقعت في بلاد الشام خلال عقد الأربعينات من القرن التاسع عشر، إذ تدخّلت فرنسا بحجّة حماية الكاثوليك، وتحديداً الموارنة، وتدخّلت روسيا لحماية الأرثوذكس، وبريطانيا لحماية الرعايا البروتستانت، ودعم الدروز.

تُعَدُّ حرب القرم التي اندلعت سنة 1854م، بين الدولة العثمانية وروسيا، من أبرز الأحداث والأزمات التي مرّت بها الدولة العثمانية في عهد السلطان عبد المجيد الأول، وقد دفعت هذه الحرب العلاقات الدولية إلى التأزم، وغيّرت وجه التحالفات السياسية بين الدول الأوروبية الكبرى؛ إذ وقفت بريطانيا وفرنسا إلى جانب الدولة العثمانية في وجه التهديد والامتداد الروسيّ.

فقد أبدى القيصر الروسيّ (نيقولا الأول) نيته في اقتسام أملاك الدولة العثمانية، فعرض فكرته على بريطانيا، لكنّ الأخيرة لم تتفق معه، ثم أغرى فرنسا، ولم يصل معها إلى اتّفاق، فما كان منه بعد ذلك إلّا أن هدّد الدولة العثمانية باحتلال إقليم الأفلاق والبغدان، إن لم تعترف الأخيرةُ بحقّ الروس في حماية الأرثوذكس، وبالفعل أقدم على تنفيذ

تهديده، فتحالفت بريطانيا وفرنسا والنمسا مع الدولة العثمانية، وقصفت أساطيلهم ميناء (سيفاستوبول) في شبه جزيرة القرم سنة 1853م، بالإضافة إلى الإغارة على بعض الموانئ الروسية في البحر الأسود، الأمر الذي دفع روسيا لطلب الصلح، فعُقِدت معاهدة سلام في بارس سنة 1856م، أنهت الحرب، وحدّت من نفوذ الروس وأطماعهم في الدولة العثمانية.

توفي السلطان عبد المجيد الأول في 6 يونيو من سنة 1861م، الموافق 17 ذي الحجة 1277هـ، وكان قد قضى مدة عصيبة في الحكم، شهدت البلادُ فيها أحداثاً جساماً على الصعيد الداخليّ والخارجيّ، قلّما تمرُّ بها الدول، ومن الموضوعية والحياد أن ندرك حجم هذه التحديات وخطورتها وقسوتها، وصعوبة التعامل معها، قبل أن نصدر أيّة أحكام قاسية على السلطان أو على الدولة في تلك الفترة، فيكفي أنَّ هذا السلطان على صغر سنّه، وقلة تجربته، استطاع أن يحافظ على الدولة العثمانية من السقوط، واستفاد من حالة التنافس بين الأعداء المتربصين بالدولة؛ ليطيل في أمدها، وينأى بها عن خوض معاركَ قد تسفر عن احتلالها من قبلهم، إضافة إلى أنّه قام ببعض الإصلاحات المهمة في الشأن الداخليّ، أبرزها وأد الفتن التي اندلعت في بعض الولايات،

التي كان الأعداء يُذكونها ويحاولون استغلالها للتدخّل في شؤون البلاد، وأيضاً لا يُنسى فرمانه الشهير الذي أصدره عام 1856م، الذي نصَّ على المساواة بين رعايا الدولة مهما اختلفت عقيدتهم الدينية، فأدّى هذا إلى تحسّن أوضاع الجاليات المسيحية بشكلٍ كبير، وازدياد نسبة المتعلمين منهم، وإنعاش الاقتصاد ونشاطه، ومحاولة السير بالدولة نحو ركب الدول الأوروبية المتقدمة.

تولّى عرش الدولة العثمانية بعد السلطان عبد المجيد، أخوه السلطان عبد العزيز الأول سنة 1861م، وفي عهده قامت ثورة في جزيرة كريت، أخمدتها الدولة العثمانيّة، لكنَّ هذا السلطان لم يستمرّ في الحكم، فقد عُزِلَ بفتوى شرعية؛ بحُجّة تبذير أموال الدولة سنة 1876م، وتوفي بعد عزله بأربعة أيام، فتولّى مقاليد الحكم بعده مراد الخامس، ابن السلطان عبد المجيد الأول، لكنّه لم يَدُمْ في الحُكم إلّا شهوراً، فقد عُزِلَ أيضاً، لكن بسبب اختلال عقله.

بويع السلطان عبد الحميد الثاني بالخلافة على عرش الدولة العثمانية بعد عزل مراد الخامس، يوم 31 أغسطس 1876م، الموافق 10 شعبان 1293هـ، وفي عهده اشتدّت الأزمات السياسية والاقتصادية في الدولة، وبلغت ذروتها، فالأفكار الانفصالية، والمشاريع الوطنية

للقوميات والجاليات العرقية والدينية، نشطت واشتدّت، ووصلت للعصيان المسلّح، وبدأت الدول الأوروبية الكبرى مشاريعها للاستحواذ على أراضي الدولة بشكلٍ فعليّ وعلنيّ، وساهمت في إذكاء الروح القومية الانفصالية عند الجاليات والقوميات، ودعمتها بالمال والسلاح.

تجدّدت الثورات الانفصالية في منطقة البلقان، فقامت ثورة في إقليم البوسنة والهرسك، وامتدّت لتصل إلى بلغاريا، وفي الوقت ذاته دخلت الدولة العثمانية في حالة حربٍ مباشرة مع صربيا والجبل الأسود، اللتين دعمتهما روسيا والنمسا في حربهما مع الدولة العثمانية، إذ كانت روسيا تطمع في ضم إقليم الأفلاق والبغدان وبلغاريا، والنمسا ترغب بضمّ البوسنة والهرسك، ومع هذا الدعم كلّه، استطاعت الجيوش العثمانية أن تحقّق انتصارات على الجيوش المناوئة، ووصلت إلى مشارف مدينة (بلغراد)، لكن تدخّلت الوساطات الأوروبية لوقف الحرب.

بعد أن توقّفت الحرب في بلاد البلقان، قدّمت الدول الأوروبية الكبرى لائحة مطالب للدولة العثمانية، تقضي بضرورة تحسين الأحوال المعيشية لرعاياها المسيحيين، فرفضت الأخيرة ذلك، وعَدّته تدخلاً سافراً في شؤونها الداخلية.

استغلّت روسيا هذا الرفض، وعَدّته سبباً كافياً لإعلان الحرب على الدولة العثمانية، وهذه المرة لم تعارض الدول الأوروبية الأخرى قيام روسيا بذلك، لذا قامت باحتلال إقليم الأفلاق، والبغدان من جديد، ثم احتلّت بلغاريا، وأثناء هذه الحرب، عادت صربيا والجبل الأسود لحربها الانفصالية مع الدولة العثمانية، الأمر الذي اضطرّ الأخيرة لطلب الصلح، فأبرمت معاهدة (سان ستيفانو) مع روسيا في 3 مارس 1878م، التي بموجبها استقلّت صربيا والجبل الأسود، والأفلاق والبغدان، وبلغاريا عن الدولة العثمانية، وبذلك فقدت معظم أراضيها في شرق أوروبا، وتقلّصت حدودها كثيراً عمّا كانت عليه في القرون السابقة.

بعد معاهدة (سان ستيفانو)، جاء مؤتمر برلين، الذي عُدِّلت فيه هذه المعاهدة، وتمّ بموجبه سلخُ المزيد من الأراضي عن الدولة العثمانية، ويبدو أن اتّفاقاً قد حصل بين الدول الأوروبية الكبرى لأول مرة على اقتسام الدولة العثمانية، فبعد هذا المؤتمر احتلّت فرنسا (تونس)، وبريطانيا (قبرص)، ثم أتبعتها باحتلال مصر والسودان، ويبدو أنَّ ذلك كان مقابل استيلاء روسيا على أراضي الدولة العثمانية في شرق أوروبا.

ومن الأزمات التي واجهت السلطان عبد الحميد، قيام الحركة الصهيونية التي بدأت تنشط بدعم أوروبيّ – لا سيّما من بريطانيا – لإقامة وطن قوميّ لليهود في فلسطين، وكان السلطان عبد الحميد قد رفض تسليم فلسطين لهم، وأصدر فرماناً يمنع هجرة اليهود إلى فلسطين.

ومن الأزمات أيضاً، الأزمة الأرمنية، إذ طالب الأرمن بعد مؤتمر برلين سنة 1878م، باستقلالهم عن الدولة العثمانية، وبدعم من الدول الأوروبية قاموا بعصيان مسلّح ضد السلطان، الأمر الذي اضطرّ بالدولة العثمانية لقمع عصيانهم بالقوة، لا سيّما أنّ الدول الغربية كانت تعمل لاستغلال أزمتهم مع الدولة، من أجل مزيدٍ في تقسيمها وتمزيقها.

***

16

دور الانحلال وزوال الخلافة (1908م - 1922م)

حاول السلطان عبد الحميد الثاني قدر استطاعته الوقوف والثبات بالدولة أمام التحديدات السابقة جميعها، وهي لا شكّ تحديدات كبيرة وخطيرة لا تستطيع أيّة قيادة اجتيازها، ومجرد مواجهتها، وعدم الاستسلام أمامها، أمرٌ يُحسب للسلطان الذي صمد ولم ينكص، أو يتنازل عن الثوابت التي آمن بها، بل واجه، وصبر، وتحدّى، وثبت، لكنّ الأزمات التي توالت متتابعة، واشتدّت مجتمعةً، لا تقوى الجبال على حملها، وعلى الرغم من هذا كلّه، استطاع السلطان عبد الحميد أن يحافظ على بقاء كيان الدولة التي استمرّت ما يقارب ستة قرون، على الرغم من اتّفاق الدول الأوروبية الكبرى عليها لأول مرة، وإذكائها نار الأزمات والفتن والثورات فيها، لكن هذه المرة جاء الخطرُ الذي سيقوّض كيان الدولة من الداخل، ويحملُ شرخَ الخلافة الإسلامية التي استمرّت أكثر من ثلاثة عشر قرناً من الزمان، تجمع الناسَ وتوحّدهم على اختلاف أعراقهم وأجناسهم وبلدانهم.

هذا الخطر يتمثّل بالأفكار القومية المتطرفة التي تشبّعت بها التنظيمات السرّية والجمعيات المدعومة من الخارج، التي أخذت تنشط في أواخر عهد السلطان عبد الحميد، أبرز هذه التنظيمات أو الجمعيات، جمعية (تركيا الفتاة)، التي تأسست في باريس، وأخذ تنشط وتبثُّ أفكارها في أنحاء الدولة العثمانية، واستطاعت أن تحشد أنصاراً لها، إلى أن تمكّنت من أن تضع قدماً لها في الجيش العثمانيّ، فأصبح لها جناح عسكري عُرِفَ بتنظيم الاتّحاد العثمانيّ، ثم صار له جناح مدنيّ، عُرِفَ بالانتظام والترقّي، واتّفق الطرفان على أن يصبح تنظيمهم تحت مُسمّى حزب (الاتّحاد والترقّي).

نادى هذا الحزب بالقومية التركية الطورانية كأساسٍ وشرعيةٍ للحكم، بدلاً من فكرة الخلافة الإسلامية، واستطاع أن يحشد أنصاراً له في المدن التركية، وأن يضمّ عدداً كبيراً من ضباط الجيش في الفيلق المسيطر على العاصمة الآستانة، وأيضاً في الفيالق المرابطة في الولايات العثمانية المتبقية في شرق أوروبا.

حاول السلطان عبد الحميد مقاومة هذا التنظيم وأفكاره، ونادى بفكرة الجامعة الإسلامية، لكنّ محاولته لم تنجح، بعد أن سيطر الحزب على معظم الجيش، الأمر الذي مكّنه من إعلان دستورٍ جديد للبلاد، بديلاً عن الدستور (أو القانون الأساسيّ) الذي أُعلن سنة 1876م، وأصبح معظم أعضاء المجالس النيابية تابعين له، فلم يصبح أمام

الاتّحاديين (مؤسّسي الحزب) عائقٌ أمام تحقيق أهدافهم إلّا السلطان نفسه، فقاموا بالانقلاب عليه وعزله سنة 1908م، ولكي يكونَ لتصرّفهم صبغة شرعية، فلا يظهرون بمظهر الانقلابيين، عيّنوا بدلاً منه أخاه محمد الخامس (محمد رشاد)، الذي لم تتعدَّ صلاحياته السلطة الاسمية في تولّي عرش الخلافة، إذ كان الاتّحاديّون هو المتنفذين، ولهم القرار في كلّ أمرٍ من أمورِ الدولة.

بعد عملية الانقلاب على السلطان عبد الحميد، اشتدّت الضائقة المالية على الدولة، حتى قاربت على الإفلاس، وصارت عرضة للابتزاز، وازداد ضعفها عمّا كانت عليه؛ ففي العام نفسه الذي تولّى فيه السلطان محمد رشاد عرش الدولة، احتلّت الإمبراطورية النمساوية والمجرية إقليم البوسنة والهرسك، وبعد ثلاث سنوات احتلّت إيطاليا ليبيا، وبهذا الاحتلال فقدت الدولة العثمانية سيادتها ونفوذها من شمال إفريقيا نهائياً.

ثم جاءت حرب البلقان الأولى التي خاضتها الدولة العثمانية ضدّ صربيا، والجبل الأسود، واليونان، وبلغاريا مجتمعين، وفيها فقدت الدولة العثمانية آخر ما تبقّى لها في البلقان، وبهذه الهزائم والخسائر انحسرت الإمبراطورية العظيمة التي كانت مترامية الأطراف، ممتدّة الحدود في ثلاث قارات، انحسرت إلى حدود ما يُعرَف بتركيا حالياً، وبلاد الشام، وشبه الجزيرة العربية.

تصوّر رسم لخريطة توضّح الحدود التي وصلت إليها الدولة العثمانية، قبل الحرب العالمية الأولى

وفي تلك الفترة، استفحل الاتّحاديون في نفوذهم، وظهرت معهم نزعة طورانية تركية متطرفة، تنبذ فكرة الخلافة الإسلامية التي ذابت فيها الدولة العثمانية، وسخّرت مشروعها السياسيّ فيها منذ عهد السلطان سليم الأول، هذه النزعة التي تبنّاها ونادى بها حزب الاتّحاد والترقّي، قادت الاتّحاديين المتنفذين والممسكين بزمام أمور الدولة، إلى سياسة تتريك الدولة، وتفضيل العنصر التركيّ فيها على العناصر الأخرى المنضوية تحتها، وفرضت اللغة التركية كلغة رسمية في البلاد، وبهذا التصرّف تحوّلت الدولة العثمانية على نحو رسميّ - لأول مرّة - من دولة الخلافة الإسلامية التي تجمع الشعوب الإسلامية على اختلاف عناصرهم، إلى ما يشبه دولة الاستعمار التركيّ للشعوب التي كانت خاضعة للخلافة ومؤمنة بها.

نتيجة للأفكار القومية الطورانية المتطرفة، التي رفعها حزب الاتّحاد والترقّي الحاكم، وردّ فعلٍ عليها، ظهرت أفكارٌ تنادي بالقومية العربية، وأن يكون للعرب حكم ذاتيّ مستقلّ، بناءً على عرقهم أو قوميتهم، بمعزلٍ عن فكرة الجامعة الإسلامية أو الخلافة الإسلامية، ونتيجةً لهذه الأفكار القوميّة، دخلت في صدامٍ أقوى قوميّتين في الدولة العثمانية، القومية العربية والقومية التركية، اللتين كانتا تشكّلان

جناحي الخلافة الإسلامية، وبتصارعهما أصبح زوال الخلافة أمراً حتميّاً لا مفرَّ منه.

تسارعت الأحداث وتطوّرت الأمور، وجاءت الحرب العالمية الأولى (1914م – 1918م)، فاختارت الدولة العثمانية الانضمام إلى دول الوسط، مقابل دور الحلفاء، الذين اختار العرب بقيادة الشريف حسين بن علي – أمير مكّة آنذاك – وأبنائه، القتال إلى جانبهم ضد الأتراك سنة 1916.

أسفرت الحرب العالمية الأولى عن هزيمة دول الوسط، وانتصار دول الحلفاء، وترتّب على هذا خضوع الدول التي كانت تحكمها الدولة العثمانية للاستعمار الأوروبيّ، فخضعت سوريا ولبنان للاستعمار الفرنسيّ، وفلسطين والأردن والعراق للاستعمار البريطانيّ، والجزيرة العربية وما حولها من دول الخليج العربيّ خضعت للوصاية البريطانية أيضاً.

وفي 2 نوفمبر 1917م صدر وعد بلفور الذي نصَّ على إقامة وطن قوميّ لليهود في فلسطين، وبذلك اقترب تحقّق المخطّط الصهيونيّ الذي كان السلطان عبد الحميد الثاني عائقاً أمامه، ومن المرجّح أنَّ عملية الانقلاب ضدّه كانت على تنسيقٍ واتّفاقٍ مع الحركة الصهيونية،

التي التقت مخططاتها مع مصالح الدول الغربية العظمى في إنهاء الدولة العثمانية، والسيطرة على الأراضي التي كانت تحت حكمها.

وبخصوص القطر التركيّ فبعد معارك مع الحلفاء خاضها الأتـراك على عدّة جبهات، لمع نجم القائد مصطفى كمال الأتاتورك في الجـيش، الذي قاد معظم العمليات العسكرية ضد قوات الحلفاء، وكان عضـواً في جمعية الاتّحاد والترقي ذات النزعة الطورانية، وبعد عدّة معارك تمكّن من تحرير الأراضي التركية، في ما يعرف اليـوم بجمهوريـة تركيـا، وفي عام 1923م انتُخِبَ أول رئـيس لتركيـا، فـأعلن فـور تولّيـه الرئاسـة انتهاء الخلافة العثمانية الإسلامية وقيـام جمهوريـة تركيـا الحديثـة ذات التوجّهات العلمانية، وبذلك زالت الدولة العثمانيـة مـن التـاريخ بعـد حوالي ستمئة سنة من قيامها، منها أربعمئـة سـنة كانـت فيهـا خلافـة إسلامية جامعة للمسلمين، وحكمت خلالها العالم العربيّ.

***

أرطغـــرل

17
أرطغرل

هو ذلك القائد الذي بدأ حياته محارباً شجاعاً، ووفياً مخلصاً لأسياده وأتباعه، حتى قادته شجاعته وفروسيته وبراعته في القتال، إلى أن يرتبط بـه قيـام واحـدة مـن أقـوى الإمبراطوريـات التـي عرفهـا التـاريخ الإسلامي، والتاريخ الحديث، الإمبراطورية العثمانية التي حكمت بلاد الأناضول والبلقان والبلاد العربية وأجزاء واسعة من آسيا الوسطى.

خريطة تبيّن لنا موقع مدينة سكود في آسيا الصغرى التي قامت فيها الدولة العثمانية

للأسف الشديد ضنّت المصادر التاريخية علينا بالأخبار الوافية والمعلومات الكافية عن حياة هذا القائد الفذّ، ولم تصل إلينا تفاصيل عن حياته وميلاده ونشأته على وجه اليقين، حتى نسبه هناك أكثر من خبر يُحدّده لنا، لكنّ الثابت تاريخياً أنَّ قيام الدولة العثمانية ارتبط به، فهو والد الأمير عثمان الأول، الذي تُنْسَبُ إليه هذه الدولة، تؤكّد هذا لنا العملات التي سكّها ابنه الأمير عثمان، التي حملت اسمه، لذا فليس ثمّة شكٌّ في وجود هذا القائد.

العملة التي تحمل اسم أرطغرل

هناك مصادر تاريخية تنسب القائد أرطغرل إلى سليمان شاه التركماني، زعيم قبيلة (قايا)، إحدى قبائل الأتراك الأوغوز، الذين نزحوا من شرق بلاد فارس (إيران) إلى بلاد الأناضول؛ هرباً من الغزو

المغولي. ومصادر أخرى تنسبه إلى كندز آلب بن قايا آلب بن كوك آلب بن صارقوق آلب بن قايا آلب.

فإنَّ الثابت تاريخياً أنّه زعيم لإحدى قبائل أتراك الأوغوز، والمرجّح أنّها قبيلة (قايا)، التي نزحت إلى بلاد الأناضول جرّاء الغزوات المغولية على ديار الإسلام في آسيا الوسطى وبلاد فارس، وللأسف حتى هذه القبيلة لا توجد أخبارٌ كثيرة عنها في المصادر، لكن هناك شواهد من القبور والأحجار تدلُّ عليها.

وبعد أن وجدت هذه القبائل مأمناً لها في الأناضول، دخلت في طاعة إحدى الإمارات السلجوقية المتبقية في آسيا الصغرى، بعد انهيار دولة السلاجقة في العراق وبلاد فارس، وانكفائها في آسيا الصغرى فقط، هذه الإمارة كانت في مدينة (قونية)، وكان يرأسها الأمير علاء الدين كيقباد الأول.

وآنئذٍ بدأت حكاية القائد أرطغرل، وبدأ معه نشوء الدولة العثمانية، التي ورثت عن دولة السلاجقة مشعل الجهاد الإسلاميّ في آسيا الصغرى وبلاد الأناضول.

***

18

كيف بدأت الحكاية؟

كانت الإمارات السلجوقية - لا سيّما التي يحكمها علاء الدين - على توتر ومناوشات مع الروم البيزنطيين؛ لأنَّ الدولتين متاخمتين لبعضهما، وفي إحدى المرات اشتبك الجيشان: السلجوقي والبيزنطيّ في معركة، وصادف أن رأى هذه المعركة القائد أرطغرل من تلّة مجاورة، وكانت كفّة القتال تميل لصالح البيزنطيين، الذي أوشكوا على هزيمة السلاجقة.

آنئذٍ دبّت الحميّة الحربية في نفس القائد الشاب، وسرت في عروقه نخوة الفرسان، فسارع بمَنْ معه من الفرسان والجنود لنجدة الجيش المهزوم، وكان لتدخّله هذا أثرٌ حاسم في انقلاب سير المعركة لصالح السلاجقة، فقد دُحِر جيش البيزنطيين مهزوماً، ومثقلاً بالخسائر الفادحة، وعاد جيش السلاجقة منتصراً.

رسمة تصوّر التحام جيشين في معركة ويقود أحد الجيشين القائد أرطغرل

ما أن علم الأمير علاء الدين بفعلِ أرطغرل حتى طلب منه أن يكون أحدَ القادة العسكريين الذين يعتمد عليهم في دولته، وكافأه بأن منحه السيادة على منطقة (سكود) أو (سوغوت)، الواقعة على حدود الإمبراطورية البيزنطية، ومنذ ذلك الحين أصبح الأمير علاء الدين يعتمد على أرطغرل في حروبه، لا سيّما الغارات على الإمبراطورية البيزنطية، وصدّ غاراتها عن حدود الإمارة السلجوقية، وأيضاً صدّ الغارات المغولية والخوارزمية، وقد أظهر القائد أرطغرل في معاركه مع السلاجقة كلّ أشكال البطولة والشجاعة في ميادين القتال، والبراعة في توجيه المعارك لصالحه، إضافة إلى الإيمان الراسخ، والإخلاص التام، والولاء الكامل للسلاجقة، لذا ألصق الناس به - وبابنه عثمان من بعده - لقب (غازي)؛ أي مجاهد؛ تقديراً لبطولاتهما وأعمالهما الجهادية في نشر الإسلام وتوسيع رقعة البلاد الإسلامية في آسيا الصغرى والأناضول، ولُقِّبت قبيلته أيضاً بمقدمة السلطان؛ لوجودها دائماً في مقدمة الجيوش التي كان يقودها الأمير علاء الدين في معاركه وغاراته.

وتقديراً لبطولات أرطغرل وموهبته القتالية كان الأمير علاء الدين يكافئه بعد كلّ انتصار يحقّقه، فاتّسعت رقعة المنطقة التي يحكمها، وأصبحت إمارةً شكّلت شوكةً على حدود الإمبراطورية البيزنطية.

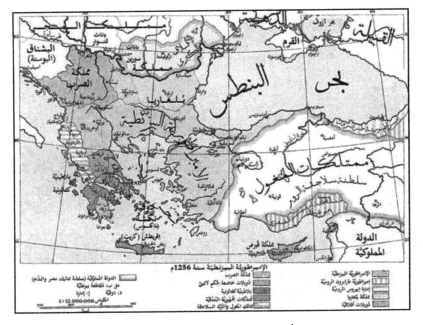

خريطة الأناضول والإمبراطورية البيزنطية عام 1265م

***

19
تطوّر إمارة قايا وتوسّعها

على الرغم من صغر هذه الإمارة إلّا أنّها شهدت توافداً ملحوظاً من القبائل نحوها، والانضواء تحت إمارة القائد أرطغرل؛ نظراً لبعدها عن مطامع الغزو المغولي، وبعدها عن مناطق نفوذ الإمارات التركمانية القوية جنوب غرب الأناضول، وأيضاً لوقوعها في مواجهة المناطق البيزنطية التي لم تُفتح بعد، الأمر الذي شجّع كثيرين من قبائل التركمان والمزارعين وممّن يمتهنون الرعي، للقدوم إليها والاستقرار فيها، وفي الوقت نفسه أشعل في نفوسهم حماسة الجهاد في سبيل الله، ونشر دينه في الربوع البيزنطية التي لم يطأها المسلمون بعد.

فقد نشطت في هذه الإمارة الصغيرة حلقات الوعظ والدّين، وتعزّزت روح التقوى والصلاح عند الناس، وتشبّعت نفوسهم بالحماسة الدينية والرغبة في الجهاد.

في عام 1227م أصبح القائد أرطغرل زعيماً وأميراً لقبيلة قايا ولغيرها من قبائل التركمان التي قدمت إلى منطقة سكود، وأصبح أحد الحكّام المحليين في إمارة قونية السلجوقية، وخلع عليه الأمير علاء الدين لقب (أوج بكي)؛ أي محافظ الحدود أو أمير حدود، وهو لقب كان يمنحه سلاطين السلاجقة لكلّ زعيم عشيرة يثبت جدارته وإخلاصه في خدمة البيت السلجوقيّ، لا سيما عندما يعظم أمره وتلتحق في إمرته بعض العشائر الصغيرة، وهذا ما حصل بالفعل مع أرطغرل.

ولأنَّ أرطغرل شارك مع السلاجقة في حروبهم ضد الغارات المغولية، وحروبهم مع البيزنطيين، وكان لمشاركته الأثر الحاسم في صمود الإمارة السلجوقية، شجّع هذا الأمير علاء على منحه أراضٍ إضافيةً في المنطقة الجبليّة القريبة من أنقرة، وتحديداً عند جبل (قره جه طاغ)؛ لقاء أن يخمد أي تمرد يقوم في هذه المنطقة، وأيضاً يتكفّل بصدّ أي هجوم محتمل يقوم به البيزنطيون ضد السلاجقة، وبالفعل حافظ أرطغرل على أمن هذه المنطقة واستقرارها، وقام بشنّ غارات على الأراضي البيزنطية المتاخمة لها، وسيطر على بعضها، فزاد هذا في رقعة المنطقة التي يحكمها.

ورويداً رويداً أصبحت هذه المنطقة الحدودية التي كان أرطغرل زعيماً عليها، نواة للدولة العثمانية لاحقاً، وأصبحت مدينة (سكود) عام 1299م عاصمة للإمارة العثمانية التي تزّعمها عثمان غازي ابن أرطغرل.

كانت الفترة الممتدة بين عامي (1222م - 1232م) أكثر فترات الصراع التي خدمها فيها أرطغرل في جيش السلاجقة، فقد شهدت هذه الفترة صراعاً شرساً بين يوحنا الثالث دوكاس فتاتزيس، إمبراطور (نيقية)، أكبر الدويلات البيزنطية في آسيا الصغرى، والأمير علاء الدين كيقباد الأول، سلطان سلاجقة الأناضول.

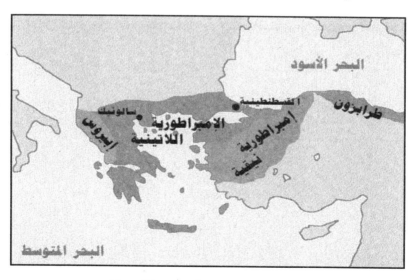

خريطة تبيّن موقع إمبراطورية نيقية البيزنطية

ففي عام 1231م شنّ السلطان علاء الدين غارة على الأراضي البيزنطية؛ لتأمين الحدود الغربية لدولته، وشارك أرطغرل بقواته لدعم السلطان في مدينة (إسكيشهر)، وتمكّن جيش السلاجقة من الانتصار على قوات الإمبراطور تيودور الثاني لاسكاريس في معركة (بازاريري) بفضل أرطغرل ومحاربيه، لذا منحه السلطان مدينة إسكيشهر مكافأةً له على دوره في تحقيق الانتصار.

وبعد هذه المعركة ضرب السلطان علاء الدين حصاراً على قلعة (قره جه)، لكنّ الهجوم الذي قام به مغول الدولة الإلخانية على الأناضول، أجبر السلطان على العودة إلى عاصمته قونية، فأوكل للقائد أرطغرل غازي قيادة العمليات الحربية واستكمال حصار القلعة، فتمكّن بعد قتال طويل من السيطرة عليها.

***

20

السنوات الأخيرة في حياة أرطغرل

استمرّ أرطغرل في خدمة السلاطين السلاجقة طيلة المدة التي كان فيها أمير منطقة حدود، فتشير الدراسات التاريخية أنّه ظلّ على ولائه للسلاجقة حتى بعد وفاة السلطان علاء الدين كيقباد الأول، فقد أعلن ولاءه للسلطان غياث الدين كيخسرو الثالث، وظلّت قواته جزءاً من جيش السلاجقة الذي كان يتحارب مع البيزنطيين من جهة، ويدخل في مناوشات مع الإمارات التركمانية والمغولية من جهة أخرى.

عاش القائد أرطغرل طويلاً حسب ما تشير الدراسات، فقد جاوز عمره تسعين عاماً، وتشير المصادر إلى أنَّ وفاته كانت بين عامي 1281م – 1282م، في مدينة سكود، وتشير مصادر أخرى إلى أنَّ وفاته كانت بين عامي 1288م – 1289م، ويوجد ضريحه حالياً في مدينة سكود، كان قد بناه له ابنه عثمان غازي الذي تولّى زعامة قبيلة قايا بعد وفاة أبيه، ثم أسس الدولة العثمانية عام 1299م، عقب انهيار

الدولة السلجوقية في الأناضول، وجعل عاصمتها مدينة سكود، وقد سُكّت أول عملة عثمانية في عهده، وعليها اسم أبيه أرطغرل.

لذا قرن المؤرخون والدارسون قيام الدولة العثمانية بالقائد أرطغرل، وعَدّوا ابنه عثمان مؤسسها؛ لأنّها في عهده أصبحت إمارة مستقلّة لا تتبع دولة أخرى، ثم توسّعت هذه الإمارة رويداً رويداً حتى أصبحت إمبراطورية عظمى.

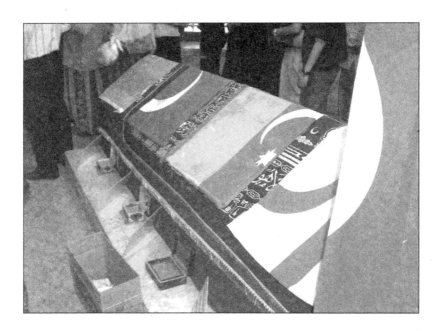

صورة قبر أرطغرل في مدينة سكود

عثمان بن أرطغرل
مؤسس الدولة العثمانية

21

عثمان بن أرطغرل مؤسس الدولة العثمانية
(1258م/656هـ - 1326م/726هـ)

هو فخر الدين قره عثمان خان الأول بن أرطغرل القايوي، زعيم عشيرة قايا التركيّة، وعامل السلاجقة على إحدى إماراتهم التي كانت تقع على ثغور دولتهم مع الإمبراطورية البيزنطية، وقد ورث زعامة العشيرة وإمارة الثغر عن أبيه القائد البطل المجاهد أرطغرل.

عُرِفت حياة عثمان الأول بن أرطغرل بالجهاد في سبيل الله، ونشر الإسلام في الربوع البيزنطية، وأيضاً بالتقوى والصلاح، والزهد والتواضع، والبعد عن البذخ والترف والغرور بالسلطة والاستئثار بالزعامة، وقد جعلت منه هذه الأخلاق قائد فذّاً يجتمع الناس على رأيه، ويلتفون حوله، لذا استطاع تحويل الإمارة الصغيرة التي ورثها عن أبيه إلى دولة حدودية قويّة ورثت مشعل الإسلام وراية الجهاد عن دولة السلاجقة في آسيا الصغرى وبلاد الأناضول.

اكتسب الأمير عثمان شهرته في التاريخ لأنّه مؤسس الدولة العثمانية العظيمة، التي أصبحت لاحقاً الخلافة الإسلامية الجامعة للمسلمين، لذا لُقِّب أبا الملوك، وأطلق عليه المؤرخون لقب السلطان، على الرغم من أنَّ هذا اللقب لم يكن شائعاً وقت حكمه، ولكن لأنّه أسّس الدولة العثمانية التي استمرّت ما يقارب ستمئة عام، خُلِعت عليه هذه الألقاب.

والدولة العثمانية تُعَدُّ بحقّ من أعظم الدول التي عرفها التاريخ العربيّ الإسلاميّ؛ لأنّها أنهت الإمبراطورية الرومانية البيزنطية، وفتحت عاصمتها القسطنطينية، وبذلك نشرت الإسلام وبسطت سيطرته على آسيا الصغرى والأناضول، ثم انتقلت إلى شرق أوروبا، فأخضعت بلاد البلقان، وقضت على الممالك القوية هناك، مثل المجر والصرب والبذاخ، وواصلت زحفها في أوروبا حتى وصلت إلى فيينا عاصمة النمسا.

وإلى جانب هذا كلّه حافظت على البلاد العربية أربعة قرون، صدّت عنها الغزو البرتغاليّ والإسبانيّ، وضمنت أمن السواحل العربية والإسلامية على البحر المتوسط والبحر الأحمر وبحر العرب،

وأيضاً حافظت على طرق التجارة العالمية التي تمرُّ بالبلاد العربية والإسلامية

على الرغم من أنَّ قبيلة قايا التركية وغيرها من العشائر أو القبائل التي انضمّت إليها، وورث عثمان زعامتها عن أبيه أرطغرل، كانت تعتمد بصورة رئيسة على حرفة الرعي، وأحياناً الزراعة، إلّا أنَّ الأمير عثمان استطاع أن يجعل من هذه القبيلة دولة قوية، لها جيش من المجاهدين الشجعان، الذين قاموا بالعديد من الأعمال البطولية، وحقّقوا الكثير من الإنجازات العسكرية، على قلة الموارد التي كانت متوفرة لهم، وعلى حياة الزهد والتقشف التي كانوا يحيَوْنها، ولم يتوقف الأمر عند هذا الحدّ، بل إنَّ الأمير عثمان وضع مجموعة من تقاليد الحكم وأُسسه التي أوجب على من جاء بعده من السلاطين والخلفاء أن ينتهجونها في قيادة الدولة وحكمها، وقد حفظت هذه الأسس تماسك الدولة وتوازنها وبقائها ستة قرون، على الهزّات والأزمات التي مرّت بها خلال هذه المدة.

بدأ الأمير عثمان حكمه للإمارة سنة 1282م، بعد وفاة أبيه أرطغرل، وقد سار على عهد أبيه في الولاء والإخلاص لدولة السلاجقة، ففي سنة 1295م شرع يهاجم الثغور البيزنطية باسم

السلطان السلجوقيّ والخليفة العباسيّ، ففتح عدّة حصون، ووصل إلى سواحل بحر مرمرة والبحر الأسود، لكن عندما تغلّب المغول على السلاجقة وقضوا على دولتهم في آسيا الصغرى، أعلن الأمير عثمان إمارته دولة مستقلة، ومنذ ذلك عهد عُرِفت بالدولة العثمانية نسبة إليه، وقد شاءت الأقدار أن تصبح هذه الدولة إمبراطورية عظمى، وآخر قوة حملت الإسلام وحمت المسلمين – وحدها – في أواخر القرون الوسطى وأوائل العصور الحديثة.

***

22

ولادته

وُلِدَ عثمان الأول عام 656هـ / 1258م، وهي السنة التي انتهت فيها الخلافة العباسية بشكلٍ فعليّ بعد أن سقطت حاضرتها بغداد في أيدي المغول بقيادة هولاكو، ويا لمصادفة الظروف!! شاء القدر أن يولد في العام الذي سقطت فيه الخلافة الجامعة للمسلمين القائد الذي يؤسس الدولة التي ستُحيي لاحقاً خلافة المسلمين، وتعيد توحيدهم.

وُلِدَ الأمير عثمان للأمير أرطغرل الغازي، أحد قوّاد دولة سلاجقة الروم، إذ كان والده أرطغرل أهمّ القادة العسكريين في جيش السلطان السلجوقي علاء الدين كيقباد الأول، وخاض معه معارك عديدة ضد البيزنطيين والمغول، وكان له دور حاسم في تحقيق الانتصارات، حتى أُطْلِقَ عليه لقب (محافظ الحدود)، لذا كان السلطان علاء الدين يمنحه بعض الأراضي مكافأة له ولعشيرته على ولائهم وبطولاتهم في الجيش السلجوقيّ، حتى أصبح لعشيرة قايا التركية التي يتزعمها أرطغرل إمارةً صغيرةً على حدود الدولة البيزنطية.

أمّا والدة الأمير عثمان زوجة أرطغرل، فمعظم المصادر تشير إلى أنّها السيدة حليمة خاتون، ويبدو أنَّ والديه أطلقا عليه اسم عثمان تيمّناً بالخليفة الراشدي الثالث عثمان بن عفّان – رضي الله عنه – ويبدو أنَّ التنشئة الإسلامية وَفْقَ المذهب السنّي، التي تقتدي بالسلف الصالح، والتي تربّى ونشأ عليها أرطغرل كانت وراء هذا التيمّن، لا سيّما أنَّ دولة السلاجقة التي انضمّ بعشيرته إليها كانت على المذهب السنّي، وتعمل على نشره في المناطق التي تفتحها وتسيطر عليها، إضافة إلى هذا كانت تكايا الصوفية والزهّاد منتشرة في الإمارات الإسلامية في الأناضول.

نشأ الأمير عثمان وتربّى على التقوى والاستقامة والزهد، والفروسية والاستعداد القتال، والشجاعة والإقدام في المعارك، وحبّ الجهاد في سبيل الله، ويبدو أنَّ شباب قبيلة قايا معظمهم قد نشأوا على هذه النشأة، نظراً للإنجازات العسكرية التي حقّقها جيش القبيلة في المعارك التي خاضها، سواء مع جيش السلاجقة أو بعد استقلال الإمارة وتأسيس الدولة العثمانية عقب انهيار دولة السلاجقة.

تولّى الأمير عثمان زعامة القبيلة بعد وفاة أبيه أرطغرل عام 680هـ ويبدو أنّه كان الابن الوحيد التي تركه أرطغرل، فحسب ما تذكر

بعض المصادر التاريخية أنَّ أرطغرل كان له ثلاثة أبناء، لم يبقَ منهم إلّا عثمان، لذا ورث عن أبيه زعامة القبيلة وإدارة شؤون الإمارة الصغيرة التابعة لدولة السلاجقة في آسيا الصغرى.

لا توجد أخبار ثابتة وموثّقة عن الصعوبات أو الصراعات التي واجهها الأمير عثمان عند تولّيه الزعامة، فهناك أخبار تشير إلى أنّه دخل في صراع مع عمّه (دوندار غازي) على تولّي الزعامة، انتهى هذا الصراع بموت عمّه، لكن تفاصيل هذا الصراع تحوم حولها بعض الحكايات والقصص غير الموثّقة والثابتة، حتى مسألة هل كان تولّي الأمير عثمان مقاليد حكم الإمارة سلميّاً أم لا؟ فيها خلاف، وليس هناك قول ثابت حولها.

الثابت في هذا الأمر أنَّ الأمير عثمان تولّى زعامة قبيلة قايا وما انضمَّ إليها من القبائل التركمانية والتركية بعد وفاة أبيه، وكان على الولاء لدولة السلاجقة، لكن بعد انهيارها أعلن إمارته دويلة مستقلّة، ومع هذا الاستقلال بدأت حكاية الدولة العثمانية التي تحوّلت في ما بعد إلى إمبراطورية عظيمة امتدّت أراضيها من نهر الدانوب في أوروبا إلى نهر الفرات في آسيا.

***

23
الموقع الإستراتيجي للإمارة العثمانية وخطورته

كان للموقع الذي تكوّنت فيه الدولة العثمانية خطورة كبيرة، ومع ذلك ساعد هذا الموقع الأمير عثمان على النجاح في تقويتها وتوسيعها، إضافة إلى الظرف التاريخي الذي كانت تمرُّ بها آسيا الصغرى والأناضول.

كانت مدينة (سُكود) العاصمة الأولى للإمارة العثمانية تقع على مرتفعٍ مطلّ على الأراضي البيزنطية، وأيضاً على الطريق الممتدّ من عاصمة البيزنطيين (القسطنطينيّة) إلى قونية، أتاح هذا الأمر لأهلها توجيه النشاط العسكريّ وعمليات الجهاد نحو أراضي الإمبراطورية البيزنطية بدلاً من الانشغال في الخلافات والحروب مع الدويلات الإسلامية المجاورة، وما عزّز هذا التوجّه أنَّ السلاجقة منذ قيام دولتهم كان لديهم حُلم القضاء على الإمبراطورية البيزنطية، وفتح أكبر حجم ممكن من مساحتها، ونشر الإسلام فيها.

وبعد أن شاخت دولتهم كان العثمانيون بمثابة السلاجقة الجدد، خير وريث لهم في استكمال تحقيق هذا الحلم، لا سيّما أنَّ الإمبراطورية البيزنطية - مع قيامهم - بدأت تدخلُ طورها الأخير، وتظهر عليها علامات الشيخوخة السياسية، فقد أنهكتها الحروب المتواصلة مع السلاجقة من جهة، ومع الجيران الأوروبيين اللاتين القادمين من الغرب من جهة أخرى، إذ شنّ هؤلاء اللاتين حملةً صليبية رابعة، استهدفت هذه المرة الأراضي البيزنطية.

أمّا في ما يتعلّق بدولة السلاجقة، فهي أيضاً باتت وشيكةً على الزوال؛ جرّاء حروبها مع البيزنطيين، ومع الدولة الخوارزمية، إلى أن تعرّضت للغزو المغوليّ الذي قضى عليها، الأمر الذي أحدث فراغاً سياسيّاً كبيراً في بلاد الأناضول وآسيا الصغرى.

هذا الفراغ كان لا بُدَّ من قوة سياسية وعسكرية صاعدة تملأه، والأنسب لذلك الإمارة العثمانية التي يتزعّمها عثمان بن أرطغرل، وقد استطاع هذا القائد الشابّ أن يُحسن استغلال هذا الظرف السياسيّ أحسن استغلال، فوضع الأسس الصحية والقويمة لبناء الدولة القويّة، بَدْءاً بالجيش وتعزيز قدراته على صعيد العدد والعدّة، وإثارة الحماسة الدينية في نفوس الأفراد، وإذكاء روح الجهاد في سبيل الله في

نفوسهم، وقد وظّف دور الشيوخ والوعّاظ وحلقات الذكر في هذا الأمر، ونجح فيه.

على الصعيد السياسيّ أظهر هذا القائد الشابّ مقدرة وبراعة في وضع الأسس الإدارية لإمارته، التي انتقل بها من نظام القبيلة إلى نظام الإدارة المركزية لدولة مستقرّة لها قواعد وأركان.

ومن المزايا التي وفّرها الموقع الجغرافيّ للإمارة العثمانية، وساعد في نموها وقوتها، أنّه كان بعيداً عن مناطق الغزو المغوليّ، وعن نفوذ الإمارات التركمانية القويّة جنوبي الأناضول وغربه، الأمر الذي سهّل كثيراً نمو هذه الإمارة، وعدم استنزاف طاقاتها البشرية والعسكرية في طور النشأة والتكوين، وساعد على ذلك أيضاً توافد كثير من العشائر التركية والمزارعين إليها، حيث وجدوا في أراضيها مكاناً ملائماً لممارسة أعمالهم في الزراعة والرعي.

***

24

العلاقات السياسيّة في بداية عهد الأمير عُثمان

يبدو أنَّ الأمير عثمان لم تقتصر عبقريته وبراعته على الساحة العسكرية فقط، فإلى جانب كونه قائداً فذّاً ومحارباً شجاعاً في ساحات القتال، كان أيضاً سياسيّاً محنكاً، يعرف كيف يعقد التحالفات التي تحقّق المصالح لإمارته، وينأى بها عن الخلافات والصراعات.

يتّضح هذا في العلاقات التي انتهجها مع جيرانه السياسيين في منطقة الأناضول وما يجاورها، بَدْءاً بسلاجقة الروم، وإمارة كرميان، والإمارات التركمانية، والمغول، وأيضاً البيزنطيين، فعلى الرغم من أنّه خاض معارك عديدة ضدهم، واستولى على كثيرٍ من أراضيهم، إلّا أنَّ العلاقة بينه وبينهم كانت تتخلّلها فترات سلام ومصالحة، عرف كيف يوظّفها لصالحه.

بدأ الأمير عثمان علاقاته السياسية التي استثمرها لتحقيق حلمه في بناء دولة إسلامية عظيمة، بمصاهرة شيخه (إده بالي)، فقد كان هذا الشيخ قائداً للفرقة البابائيّة – إحدى الفرق الصوفية – المنسوبة إلى

(بابا إسحاق)، وهذا المصاهرة من شأنها أن تحشد الناس حوله في كلّ معركة يريد القيام بها، لا سيّما أنَّ التكايا الصوفية آنذاك لعبت دوراً هاماً في إثارة الحماسة الدينية وروح الجهاد عند الناس.

ومن الخطوات المهمة التي قام بها في بداية حكمه، وساهمت في نمو إمارته وتطوّرها، أنّه استطاع أن يدمج بين التقاليد التركيّة والإسلاميّة والبيزنطيّة على نحو أفضل من جيرانه التركمان والسلاجقة أيضاً، وهو بهذا خفّف إلى حدٍّ كبير من أثر الفوارق العرقية والإثنية والقبلية بين المكونات السكانية في الأناضول، وفي إمارته على وجه التحديد.

وتعاون الأمير عُثمان في بداية حكمه مع بعض جيرانه البيزنطيين من قادة المدن والقُرى المجاورة لإمارته؛ وذلك لأنَّ عشيرته كانت تتنقّل بين مناطق الرعي البيزنطية، مقابل أن تتركَ ما لديها من أدوات في قلعة (بيله جك) البيزنطيّة، وعند عودتها كانت تهدي القائمين على القلعة بعض منتجات الأغنام كالحليب والجبن والصوف، لقاءَ السماح لهم بالرعي في المراعي البيزنطيّة.

وتحالف مع القبائل التركمانية القادمة إلى الأناضول، وقد أصبحت هذه القبائل بمثابة القلب النابض للإمارات الإسلامية في الأناضول، والإمارة العثمانية على وجه التحديد؛ لأنّهم كانوا أكثر فعاليّةً ونشاطاً من السكان المحلّيّين، إضافة إلى هذا شجّع الأميرُ عثمان التُركمان

الساكنين في منطقة (المياندر) و(بفلاغونية) على الانضمام إلى جيشه، فقد كان هؤلاء التُركمان محاربين جيّدين، ولديه رغبة قوية في الجهاد والغزو.

وفي هذا الأمر عَهِدَ الأمير عثمان إلى الشيوخ والوعّاظ والصوفية في التكايا أن يشجّعوا الناس الوافدين إلى الإمارة على الجهاد، ويقوموا بتربية النشء على القيم الإسلامية، وتحفيزهم على الفروسية والجهاد وخوض المعارك، مع غرس القيم الإسلامية في نفوسهم. وقد استجاب الشيوخ لطلبه، وأقبلوا على تعليم الوافدين برغبة وحماسة شديدتين.

لكن لم تظهر كلّ الإمارات التركمانية في الأناضول وما حولها علاقة ودّ مع الأمير عثمان، فقد دخلت الإمارة منذ بداية عهده في علاقة عداء مع الكرميانيين، فقد كان هؤلاء من غير الأتراك الغُزّ (الأوغوز)، وحدث أيضاً صدام مع المغول، وتحديداً مع (جغدار) أحد قادتهم في أرض كرميان.

كان الأمير عثمان في بداية حكمه، عندما ورث الإمارة عن أبيه أرطغرل تابعاً للسلطان السلجوقيّ، لكن مع مرور الوقت بدأت سلطة السلاجقة تضعف في آسيا الوسطى، وفقد سلاطينهم القدرة الفعلية على تسيير أمور دولتهم، لذا أصبح الأمير عثمان تابعاً لأمير

(بنو شيان) في (قسطموني)، وهم من أشهر أمراء الأناضول، ثم عاد يتبع للسلطان السلجوقيّ بعد أن عادت السلطة بشكلٍ اسميّ له، وهذه المرة كانت الأمير عثمان يتبعه من خلال أمير (كرميان) في (كوتاهية)، وهذا الأخير كان تابعاً إلى (الإلخان) المغوليّ في تبريز.

وهذه الفترة تمثّل آخر عُمر الدولة السلجوقية في الأناضول، فقد أوشكت أن تضمحل من التاريخ، إذ كان أئمة المساجد يذكرون في خطبهم على المنابر اسمَ الخليفة العباسيّ، فالإلخان المقيم في تبريز، فالسلطان السلجوقيّ في قونية، وأخيراً يذكرون اسم الأمير المحليّ. لذا كان طبيعيّاً أن يخضع الأمير عثمان في بداية حكمه وتخضع إمارته لهذا التسلسل السياسيّ الذي كان سائداً آنذاك في الأناضول.

خريطة تبيّن موقع الإمارة العثمانية والإمارات والدول التي تحيط بها في بلاد الأناضول وآسيا الصغرى

***

25
توسّع الإمارة العثمانية

الغزوات الأولى وفتح (قلعة قره جه حصار)

منذ أن تولّى الأمير عثمان شؤون إمارته الصغيرة، كان عليه أن يواجه الأخطار والتحديات على جبهتين: الجبهة البيزنطية في الناحية الغربية، وجبهة بعض الإمارات التركمانية في الأناضول التي وقفت ضد قيام الإمارة العثمانية في الناحية الشرقية، لا سيما إمارة كرميان.

كان على الأمير عثمان أن يواجه التحديات على هاتين الجبهتين، دون أن تتعرّض إمارته الناشئة لأي تهديد قد يجهض حلمه في تكوين الدولة العظيمة التي تتوحّد بها بلاد الأناضول، ثم تستولي على الإمبراطورية البيزنطية.

وكي يُحقق هدفه لم يشغل إمارته وقواته على الجبهتين؛ لأنَّ الطاقات البشرية والعسكرية المتوفرة له آنذاك لا تمكّنه من ذلك، لذا وضع نصب عينيه توسيع رقعة الإمارة على حساب الأراضي البيزنطيّة، فأصبح الجهاد وشنّ الغارات على أراضي الروم هو السياسة المتبعة في

الإمارة العثمانية، وهذا حشد له أنصارٌ كثيرون، وجذب إليه عدة قبائل وعشائر، فضّلت الانضمام إليه والمشاركة معه في الغزوات ضد البيزنطيين، وفي الوقت نفسه نأى بالإمارة عن مطامع الإمارات التركمانية، وتحديداً إمارة كرميان.

تشير بعض الروايات التاريخية أنَّ أول معركة انتصر- فيها الأمير عثمان على الروم البيزنطيين، كانت من أجل الثأر من هزيمة حلّت به وبقواته في منطقة (أرمني - بلي)؛ أي تلّة الأرمن، سنة 683هـ أو 684هـ / 1284م أو 1285م، حيث كمن له البيزنطيون بقيادة (تكفور) حاكم مدينة (بورصة)، ولم يعرف الأمير عثمان بأمر الكمين إلّا متأخراً، ففضّل الاشتباك مع البيزنطيين، لكنّه انهزم واضطرّ للانسحاب، وخسر بعض رجاله، من بينهم (صاروخان بك خوجة)، ابن أخيه (صاووجي بك).

قرّر الأمير عثمان أن يثأر وينتقم بسبب هذه الهزيمة، فتوجّه حوالي سنة 685هـ / 1286م إلى قلعة (قولاجه حصار)، القريبة من جبل (أميرطاغ)، وهجم عليها بقواته ليلاً، وتمكّن من فتحها والاستيلاء عليها، وبهذا اتّسعت إمارته نحو الشمال، باتجاه بحيرة (إزنيق).

أثار استيلاء الأمير عثمان على القلعة حفيظة الروم، إذ تحالف قائدها مع عامل قلعة (قره جه حصار)، من أجل استردادها من المسلمين، واسترداد ما غنموه من الأراضي البيزنطية، فالتقى الطرفان: البيزنطيّ والعثمانيّ في موقعة (إكزجه)، الواقعة بين (بيله جك) و(إينه كول)، في معركة ضارية بين الطرفين، قُتِلَ أخو الأمير عثمان (صاووجي بك)، لكنّ ثبات المسلمين واستبسالهم مكنّهم من تحقيق الانتصار، واقتحام القلعة ودخولها، وقتل (بيلاطس) قائد القوات البيزنطيّة.

اختلف المؤرخون في تحديد السنة التي فُتحت فيها هذه المدينة وقلعتها، لكنّ الثابت أنّها كانت بين عامي (685هـ / 1286م- 691هـ / 1291م)، وقد جعل الأمير عثمان هذه المدينة منطلقاً لحملاته الجهادية نحو بلاد الروم.

كان لهذا الانتصار صدى واسع في الأناضول، فقد أبدى السلطان السلجوقيّ علاء الدين كيقباد الثالث إعجابه وتقديره للإنجازات العسكرية التي حقّقها الأمير عثمان تحت راية السلاجقة والإسلام، فمنحه لقب (حضرة عثمان غازي المرزبان حارس الحدود عالي الجاه عثمان شاه)، وأضاف له لقب (بك) أيضاً، وأقطعه الأراضي التي فتحها، إضافة إلى مدينتي (إسكيشهر) و(إينونو)، وأصدر مرسوماً

تضمّن اعتراف السلطان السلجوقيّ بحقّ القائد عثمان أن يُذكر اسمه في خطبه الجمعة في المناطق التي يتولّى حكمها، وأجاز له ضربَ العملة باسمه، وهذه تُعَدُّ أولى مظاهر السيادة والسلطة للأمير عثمان ولإمارته الجديدة.

فتح قلاع (بيله جك)، و(يار حصار)، و(إينه كول)

بعد فتح قلعة (قره جه حصار)، سار الأمير عثمان إلى قلعتي (كوينوك) و(ينيجه طاراقلي)، فاستولى عليهما وعاد محمّلاً بالغنائم، وتذكر المصادر في هذه الفترة أنَّ الأمير عثمان وصله تحذيرٌ من حليفه الروميّ (كوسه ميخائيل) حاكم قرية (هرمنكايا)، يحذّره أنَّ عامليْ قلعة (بيله جك)، وقلعة (يار حصار) قد اتّفقا على قتله، بعد أن وجّها دعوة له لحضور حفل زفاف ولديهما.

ردّ الأمير على هذه المكيدة بأن أرسل إلى الحفل أربعين فارساً متنكّرين بملابس نسائيّة، وما أن دخل هؤلاء الفرسان قلعة (بيله جك)، حتى كشفوا عن أنفسهم، وتمكّنوا من أَسْر المدعوّين فيها، ومن بينهم العروسان كلاهما، وبذلك فُتِحت القلعة، واستولى عليها العثمانيون.

وتشير المصادر إلى أنَّ من بين المأسورين في هذه الواقعة، امرأة تدعى (هولوفيرا)، قيل إنّها ابنه الزعيم (تكفور)، وقد اقتيدت إلى الأمير عثمان، فزوّجها لابنه (أورخان)، وسمّيت لاحقاً (نيلوفر خاتون)، وقد أنجبت الأمير مراد.

بعد فتح قلعتي (بيله جك) و(يار حصار)، قرّر الأمير عثمان أن يقضيَ على عامل قلعة (إينه كول)؛ لأنّه تحالف سابقاً مع عامل (قره جه حصار) ضد العثمانيين، والأمير يريد بهذا الفعل أن يمنع أيّ تحالف محتمل بين بقايا الإمارات البيزنطية في الأناضول.

أرسل الأمير أحد قادة جيشه، ويُدعى (طورغود ألب)؛ لمحاصرة قلعة (إينه كول)، ثم لحقه، وتمكّن القائدان من فتحها، وتُذكر بعض المصادر أنَّ الأمير منح القلعة لهذا القائد، لذا سُمِّيت القلعة في ما بعد (طورغود) نسبة لأول قائدٍ مسلمٍ حكمها.

***

26

زوال دولة سلاجقة الروم واستقلال الإمارة العُثمانيّة

عمل الأمير عثمان على عزل المدن البيزنطيّة التي يريد فتحها، لذا قطع الطريق المؤدّي إلى مدينة (إزنبيق) من الجهة الشرقية، وتقدّم من جهة الغرب صوب مدن (لوباديون، وأولوباط، وأورانوس)، ثم التفَّ حول سلسلة جبال (أولوطاغ)، وتجنّب دخول مدينة (بورصة المحصنّة.

استفاد الأمير عثمان من الأوضاع السياسية التي كانت راهنة آنذاك في آسيا الصغرى والأناضول؛ فالإمبراطوريّة البيزنطيّة كانت منشغلة في إخماد الفتن وحركات التمرّد في أراضيها، وأيضاً في الصدام مع الإمارات القويّة في الأناضول مثل القرمانيين، الأمر الذي سهّل للأمير عثمان أن يقوم بعمليات توسّع في أراضيها.

وفي الوقت نفسه كانت دولة السلاجقة تعيش أيامها الأخيرة، وبدأ نفوذها يضمحل ويوشكُ أن يزول من آسيا الصغرى، لا سيّما أنَّ الإلخان المغوليّ محمود غازان أصبح هو صاحب النفوذ الأقوى، وكان غاضباً على السلطان السلجوقيّ علاء الدين كيقباد الثالث؛ لكثرة شكوى مرؤوسيه وتظلّمهم منه؛ لأنّه اتّبع نهج القوة والقسوة في تطهير

بلاطه من أعوان سابقه السلطان غيّاث الدين مسعود بن كيكاوس، وبالغ في ذلك، الأمر الذي أثار الرفض والغضب عليه عند القيادات العسكرية والسياسية في السلطنة السلجوقية.

وتشير بعضُ الروايات التاريخية إلى أنَّ الإلخان طلبه إلى تبريز، واغتاله هناك، وأعاد تنصيب السلطان غياث الدين مسعود بدلاً منه، وروايات أخرى تذكر أنَّ المغول قاموا بغارة على آسيا الصغرى، وقتلوا في هذه الغارة السلطان علاء الدين في عاصمته (قونيه)، ثم استلم عرش السلطنة من بعده غياث الدين مسعود، الذي لم تستمرّ مدة حُكمه طويلاً، فلم تتعدَّ ست سنوات، وعندما توفي سنة 1306م، زالت معه سلطنة السلاجقة نهائياً، وقيل إنَّ المغول كانوا وراء قتله، الأمر الذي سمح للإمارات التركمانية في آسيا الصغرى والأناضول بالاستقلال.

أتاح زوال سلطنة السلاجقة الفرصة للأمير عثمان أن يستقلَّ بالأراضي التي كانت مقتطعة له، ولقّب نفسه (باديشاه آل عثمان)؛ أي عاهل آل عثمان، وبهذا ظهرت الإمارة العثمانيّة دولة مستقلّة على الساحة السياسية في بلاد الأناضول وآسيا الصغرى، لكنّ هذا الاستقلال لم يكتمل إلّا بعد وفاة الإلخان المغوليّ أبو سعيد بهادر خان سنة 736هـ / 1335م دون أن يعيّن خلفاً له، فأدّى هذا إلى نشوب خلافات وصراعات على الحكم في الدولة الإلخانيّة، نتج عنها استقلال الإمارات في الأناضول استقلالاً فعليّاً.

***

27

مواصلة الفتوحات واتّساع رقعة الإمارة

معركة بافيوس

بعد أن أعلن الأمير عثمان استقلاله بالأراضي التي كان يحكمها، وأعاد ترتيب الأوضاع فيها، وضمن استقرارها، شرع يتطلّع لتوسيع حدود إمارته على حساب الأراضي البيزنطية، لذا أرسل إلى أمراء الروم في آسيا الصغرى يُخيّرهم بين ثلاثة أمور: الإسلام أو الجزية أو الحرب، فأسلم بعضهم، وفي مقدمتهم صديقه القديم (كوسه ميخائيل).

أمّا بقية الأمراء البيزنطيين في بورصة، ومادانوس، وأدرهنوس، وكته، وكستله، فقد نادوا سنة 700هـ / 1301م، بضرورة تشكيل حلف صليبيّ لمواجهة الأمير عثمان، الذي بات تهديداً حقيقياً يهدّد مُلكهم ووجودهم، وبدا واضحاً أنّه يسعى للاستيلاء على مدينة (بورصة) أكثر المدن الرومية تحصيناً في الأناضول.

استجاب أمراء الروم لهذا النداء، فتحالفت الإمارات الروميّة في الأناضول ضد الدولة العثمانيّة الناشئة، وفي سنة 1302م زحف الإمبراطور البيزنطيّ ميخائيل التاسع بقواته إلى أن وصل جنوب منطقة (مغنيسيا)، يريد الاشتباك مع العثمانيين وطردهم من المناطق الحدوديّة، لكنَّ بعض قادة جيشه ثنوه عن ذلك؛ بسبب ما وصل إليهم من أخبار عن قوة الجنود العثمانيين، وما وصلوا إليهم من كفاءة عالية في أمور القتال والحرب.

استفاد العثمانيون من تردّد الإمبراطور البيزنطيّ، لا سيّما أنّهم كانوا يتجنّبون المواجهة المباشرة مع البيزنطيين لمّا رأوا حشودهم الضخمة، لذا عمدوا إلى الإغارة على البلدات البيزنطية الصغيرة، وانتزاعها الواحدةَ تلو الأخرى، حتى طوّقوا الإمبراطور البيزنطيّ في مغنيسيا، الأمر الذي أثار بلبلةً في جيشه، فتفكّك دون قتال، فاضطرّ الروم للانسحاب والعودة إلى القسطنطينية.

شكّل تحالف الإمارات الروميّة نذير خطرٍ للبلدات الإسلامية الحدوديّة، فشعروا أنَّ وجودهم بات مهدّداً ما لم يتحالفوا ويتّحدوا تحت راية قائد قويّ، وزاد من شعورهم بالخطر زوال الدولة السلجوفية في آسيا الصغرى، لذا لم يكن أمامهم خيار إلّا الانضمام

للإمارة العثمانيّة الناشئة، تحت قيادة الأمير عثمان، الذي أظهر مقدرة عالية وكفاءة في قيادة الجيوش وخوض المعارك، فضلاً عن إيمانه وإخلاصه للدين الإسلاميّ، الذي بدا واضحاً في تحرّكاته العسكرية كلّها.

لذا تحرّكت البلدات والقرى الإسلامية لمساندة الأمير عثمان، والوقوف معه في الحروب التي يريد خوضها ضد الروم البيزنطيين، وسارعت أيضاً بعض الجماعات الإسلامية للانضمام في جيشه، مثل (غزاة الروم) أو (غزياروم) بالتركية، وهي جماعة إسلامية كانت ترابط على حدود الإمبراطورية البيزنطية، وتصدُّ هجماتهم عن بلاد المسلمين منذ العصر العباسيّ.

وانضمّت أيضاً جماعة (حاجيّات روم)؛ أي حجّاج أرض الروم، وهي جماعة دينية كانت تُعنى بتفقيه المسلمين أمور دينهم الشرعية، وأخذت على عاتقها هدفاً آخر يتمثّل في معاونة الجنود المجاهدين في ميادين القتال.

في هذه الأثناء أعاد الإمبراطور البيزنطيّ (أندرونيقوس الثاني) حشد جيوشه لقتال المسلمين مرة أخرى، بعد أن فشلت محاولة ولده ميخائيل في صدّهم عن (نيقوميدية)، فأرسل بضع سرايا، قُدِّرَ عددُ

الجنود فيها بألفي رجل، تحت قيادة (جرجس موزالون)، عبر بهم مضيق البوسفور، إلى أن وصلوا إلى سهل (بافيوس) على حدود المدينة.

وهناك تقابل الجيشان: البيزنطيّ بقيادة موزالون، والعثماني بقيادة الأمير عثمان، يوم 1 ذي الحجة 701هـ، الموافق 27 يوليو 1302م، وما أن التحم الجيشان، حتى انكسر الخطّ الأماميّ للجيش البيزنطيّ، وانهزمت مقدمته، فاضطرّ موزالون للانسحاب بمن بقي من جنوده، والاحتماء في نيقوميدية.

كان للنصر الذي حقّقه العثمانيون في هذه المعركة نتائج مهمة في تاريخ الدولة، فقد عَدَّه كثيرٌ من المؤرخين البداية الفعليّة لتاريخهم، فقد ظهرت الإمارة العثمانية دولة لها جيش قويّ قادر على هزيمة الجيوش الكبيرة، وأصبحت مهيبة الجانب، يُحسب لها الحساب، إضافة إلى أنَّ هذا النصر، مهّد للأمير عثمان في ما بعد السيطرة على مدن (إزنيق)، و(نيقية)، و(بورصة)، وهي مدن مهمة كان لها الأثر الكبير في توسّع الإمارة وبسط نفوذها.

***

28

فتح مدينة (يني شهر) وما حولها

بعد الانتصارات التي حقّقتها القوات العثمانية بقيادة الأمير عثمان في الجهة الشمالية، ووصولهم إلى البحر الأسود وبحر مرمرة، تطلّع هذه المرة إلى الجنوب، يريد مدينة (يني شهر)، لذا هاجم البلدات والحصون المحيطة بها؛ تمهيداً لحصارها وفتحها، فأرسل حملة كبيرة إلى قلعة (يوند حصار)، وهي أقوى القلاع المحيطة بالمدينة، فتمكّن من فتحها، ثم توجّه إلى مدينة (يني شهر) نفسها، فتمكّن من فتحها، وجعلها عاصمةً مؤقتةً لدولته، وعمل على تحصينها وتقوية أسوارها؛ كي يفوّت على البيزنطيين فرصة استردادها.

بعدئذٍ أخذ يرسلُ الحملات العسكرية الواحدة تلو الأخرى، لفتح الحصون والقلاع البيزنطية القريبة من المدينة، مثل حصن (آق

حصار)، و(قوج حصار)، و(كته)، و(كبوه)، و(يكيجه طرا قلوا)، و(تكرر بيكاري)، وقلعة (مرمرة جق)، و(كوبري حصار).

وتمكّن الأمير عثمان أيضاً من فتح جزيرة (كالوليمني) على بحر مرمرة، بالقرب من خليج (مودانيا)، الأمر الذي مكّن العثمانيين من السيطرة على الطريق المائي الذي يربط بورصة بالعاصمة القسطنطينية، وتمكّن أيضاً من الاستيلاء على قلعة (تريكوكا) الواقعة بين بورصة وإزنيق، وبهذا وصل العثمانيون إلى مياه مضيق البوسفور.

أثارت الفتوحات التي حقّقها الأمير عثمان الهلع في نفوس الأمراء البيزنطيين، لا سيما حاكم مدينة بورصة، الذي حشد قواته وتحالف مع أمراء (أترانوس)، و(مادنوس)، و(تكه)، و(كستل)، وساروا جميعاً لمحاربة الأمير عثمان، فالتقى الطرفان في معركةٍ ضاريةٍ، معركةِ (دينباز) أو (ديمباز)، انتصر فيها العثمانيون، وتمكّنوا من فتح مدينة (كستل) و(مادنوس)، وقتل أميريهما.

وتمكّنوا أيضاً من أسر أمير (كته)، وثمّة روايات تشير إلى أنّه أُعدِمَ أمام قلعته، فاستسلمت الحامية التي كانت تدافع عنها ضد العثمانيين.

وهناك رواية تشير إلى أنّه فَرَّ من المعركة والتجأ إلى حاكم (أولوباد)، فلحقته القوات العثمانيّة، وقاموا بمحاصرة المدينة التي احتمى فيها، وعندما أيقن أميرها أن لا قدرة له على مجابهة العثمانيين، استسلم لهم، وأبرم مع الأمير عثمان أول معاهدة عسكرية في تاريخ الدولة العثمانيّة، سلّم بموجبها القلعة لهم بشرط ألّا يمرّ فوق الجسر الموجود أمام المدينة إلى داخلها أي عثمانيّ مسلم.

***

29

فتح بورصة

بعد الفتوحات المتتالية التي حقّقها الأمير عثمان في آسيا الصغرى، واستيلائه على عدد كبير من الحصون والقلاع البيزنطية المهمّة، لم يبقَ أمامه إلّا مدينة بورصة، التي كان يتطلّع منذ زمن لفتحها، وكانت هي أكثر المدن البيزنطية تحصيناً، لذا عمد الأمير إلى بناء قلعتين بالقرب منها، واحدة في منطقة (قابلجه)، عهد بها إلى القائد (آق تيمور)، والثانية على سفح جبل (أولوطاغ)، عهد بها إلى الأمير (بالابان)، وكان هدف الأمير من ذلك إحكام الحصار على المدينة، وقطع سبل الإمدادات إليها؛ لأنّها - كما سبقت الإشارة - كانت على درجة عالية من التحصين والمنعة، إذ كان لها قلعة بلغ طولها (3400) متر، واحتوت على أربعة عشر برجاً للمراقبة، وستة أبواب ضخمة.

استمرّ الحصار العثمانيّ لمدينة بورصة أكثر من عشر سنوات، وعلى الرغم من طول مدة الحصار، إلّا أنّها ساعدت العثمانيين على فرض سيطرتهم التامّة على المناطق المحيطة بها، وتطهيرها من بقايا البيزنطيين حتى أصبح سقوط المدينة أمراً محتّماً لا مفرَّ منه.

أثناء اشتداد الحصار أصيب الأمير عثمان بداء الصرع، وبات غير قادر على قيادة الحصار بنفسه، فعهد به إلى ابنه أورخان، الذي تابع عملية الحصار بنفسه، وواصل نهج أبيه في عزل المدينة عن محيطها، ففتح (مودانيا)؛ ليقطع طريق الإمدادات إلى المدينة عبر البحر، ثم أعاد فتح بلدة (برونتكوس) في الساحل الجنوبيّ لمدينة (إزميد)، وغيّر اسمها إلى (قره مرسل)؛ تيمّناً باسم فاتحها الأول (قره مرسل بك)، وفتح أيضاً بلدة (أدرانوس) الواقعة جنوب مدينة بورصة، وكانت بمثابة المفتاح المؤدي إلى فتحها واقتحام أسوارها، وسمّيت (أورخان ألي).

بعد هذه الفتوحات أيقن الإمبراطور البيزنطيّ أنَّ سقوط المدينة أصبح مجرد مسألة وقت، وأنَّ استمرار الصمود وعدم الاستسلام لن يجديَ نفعاً أمام الحصار العثمانيّ، لذا أمر عامله عليها بإخلائها، فاستجاب له، وانسحبت الحامية البيزنطيّة من المدينة، فدخلها الأمير أورخان يوم 2 جمادى الأولى 726هـ، الموافق 6 أبريل 1326م، ولم يتعرّض لأهلها بالسوء، ومنحهم الأمان على أنفسهم وأموالهم، بعد أن أقرّوا بالسيادة العثمانية على مدينتهم، وقبلوا دفع الجزية.

ووصل الأمر بصاحب المدينة المدعوّ (أقرينوس) أن أعلن إسلامه أمام الأمير أورخان، وبايع أباه الأمير عثمان، ودخل في طاعته، فمنحه

العثمانيون لقب (بِـك)؛ إكراماً له، وتقديراً لشجاعته وصموده أثناء الحصار.

وبذلك سقطت أقوى المدن الرومية في آسيا الصغرى بأيدي العثمانيين، وما أن سقطت حتى عاد الأمير أورخان إلى مدينة سكود، يزفّ لأبيه خبر فتحها، الذي شكّل إعلاناً ببروز الإمارة العثمانية قوة سياسية صاعدة في آسيا الصغرى، لها جيش قويّ، وقادة على مقدرة عالية في القتال وإدارة المعارك، والأهم من هذا يحكمها أمير على درجة عالية من الورع والاستقامة، والرغبة القوية في الجهاد في سبيل الله، وفتح البلدان ونشر الإسلام فيها.

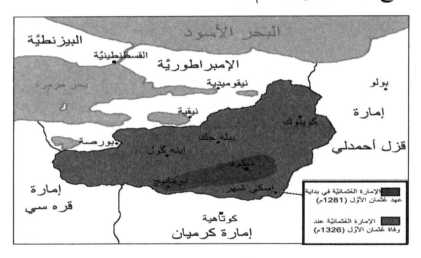

خريطة تبيّن حدود الإمارة العثمانية في بداية حكم السلطان عثمان، وحدودها عند وفاته

***

30

وفاته

أصيب الأمير عثمان في آخر سنواته بالصرع، وإلى جانب هذا كان يعاني من داء المفاصل (النقرس)، وعندما وصل ابنه أورخان إلى مدينة سكود عاصمة الإمارة آنذاك، بعد فتح بورصة، استُدعيَ على الفور إلى والده الذي كان يحتضر، فأوصى الأخير بالمُلك له بعد وفاته؛ لأنّه رآه الأكثر أهلية لقيادة الدولة من بعده، على الرغم من أنّه ثاني أبنائه.

توفي الأمير عثمان – حسب ما تشير معظم الدراسات – يوم 21 رمضان 726هـ، الموافق 21 أغسطس 1326م، وقد بلغ من العمر سبعين عاماً.

ومن المرجّح أنّه دُفِنَ – في البداية – في مدينة سكود، ثم أمر الأمير أورخان بنقل جثمانه إلى مدينة بورصة التي أصبحت عاصمة للدولة العثمانيّة، وما يزال قبر الأمير عثمان كائناً إلى اليوم في حي (طوبخانه) في بورصة.

صورة قبر السلطان عثمان الأول في مدينة بورصة

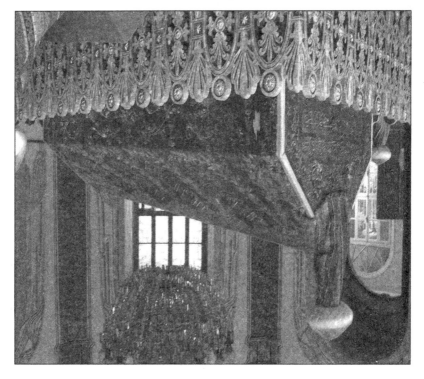

31

سيف عُثمان

كان من بين ما تركه الأمير عثمان بعد وفاته سيفه الخاصّ، الذي ورثه ابنه أورخان، ثم حفيده مراد، واستمرّ سلاطين آل عثمان يتوارثونه، حتى أصبح تقليداً يمثّل الحدث الأبرز في حفل تتويج السلطان ومبايعته بالخلافة، وتشير المصادر إلى أنَّ هذا السيف تقلّده الأمير عثمان من قبل معلمه وحميه الشيخ (إده بالي)؛ ليكون سيف الله المسلول على الكفّار، ثم أصبح هذا السيف رمزاً للجهاد العثمانيّ في سبيل الله.

كان السلطان العُثمانيّ يتقلَّده بعد حوالي أسبوعين من جلوسه على العرش، وكان حفل التقليد يتمّ في جامع أبي أيوب الأنصاري في العاصمة إسطنبول، وكان الشيخ الذي يقوم بتقليد السلطان هذا السيف يسمّى شيخ الإسلام؛ تقديراً لمكانته الدينيّة والعلميّة.

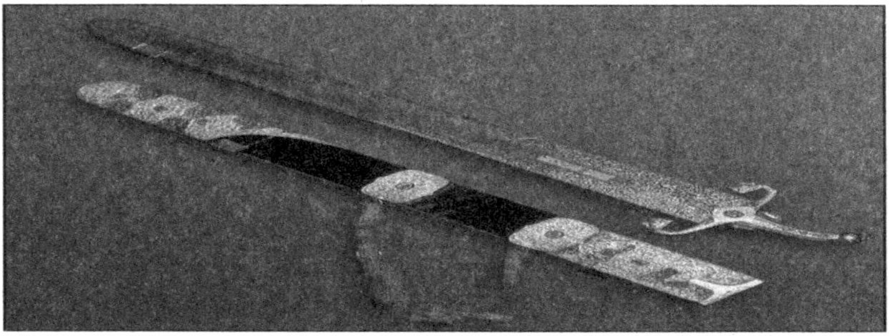

صورة سيف عثمان

***

مَلَاحِ الْأَنَاٍ

1 - جُوَّةُ الْكِتَابَةِ: بَاجَةُ الكِتابَةِ فِي الْبَيْتِ إلى جُوَّةِ ؟

الإِجابَةُ: جُوَّةُ مُنَاسِبَةً لِلقِرَاءَةِ.

2 - هَلْ جُوَّةُ البَيْتِ: الجَوابُ جُوَّةُ مُنَاسِبَةً.

3 - جُوَّةُ حَرَّ: الجَوابُ فِي الْبَيْتِ دَافِئَةٌ وَمُنَاسِبَةً.

4 - جُوَّةُ بَارِدَةٌ: الجَوابُ فِي الْبَيْتِ دَافِئَةٌ.

5 - جُوَّةُ حَرَّ: الجَوابُ الجَوَّةُ مُعتَدِلَةٌ.

6 - جُوَّةُ مُنَاسِبَةً لِلنَّوْمِ: الجَوابُ نَعَمْ مُنَاسِبَةً فِي النَّوْمِ.

الإِجابَةُ لا عَلَى الأَكْثَرِ.

7 - جُوَّةُ مُناسِبَةً لِلعَمَلِ: الجَوابُ نَعَمْ جُوَّةٌ مُنَاسِبَةٌ لِلعَمَلِ.

8 - جُوَّةُ مُشمِسَةٌ: الجَوابُ السَّماءُ صَحْوٌ.

الاِنفِعالِيَّة

محتويات الكتاب

5	المقدمة
10	لمحة تاريخية عن تاريخ العربية – موجز
11	أثر في تاريخ العربية الحديثة
17	السباق من أن الأردن ليست عربية فصحى
19	مصير و الأردن ألفاظ وعبارات
23	استعمال الألفاظ و إعادة أحياء بعض الكلمات
24	مجمع اللغوية المصرية و إحياء الأردن المعربات
27	الأردنيون في علم ...
32	المعاجم العربية
37	بناء المعجم ومراجعه
42	و الأخطار
48	المؤلفات والعربية في ... الأردن الرحب ...
52	خصائص اللسان العربي بيان منزلته من الأخرى
55	جمال اللغة العربية
58	تطور الأدب العربي الحديث (1828م–1908م)
70	رجال الأدب في تركيا (1908م–1922م)

77	أمــثــال
81	نكت نائلية نادرة
85	نكتة أسرار زوجية
89	السباق في غرفة النوم
91	نكتة من أرذل
92	نكتة من أرذل الجنس اللطيف من أمسيات الغانيات
96	ونكتة
99	ومزح ، ومداعبات الغانيات ونوادر الماجنات وفواحش
102	المـاجـنـات والـسـاقطات في ليال معه أرذل النساء
106	تحرشات الغانيات ونكت
111	تـفـاصـيـل سـاديـة فـوق الـفـراش ونـكـت الغانيات ذات الطراز
113	من أمثل النكت الساقطة ، ومن الأرذل ...
117	نكت من أسوأ (أسخف النكت) وما هب
120	نكت نادرة
123	وقفة
125	شيخ نائلة سخيف
126	من النكت الحادة